JN176910

スポーツ選手なら知っておきたい「眼」のこと

眼を鍛えればうまくなる

石垣尚男❖著
Hisao Ishigaki

大修館書店

まえがき

　この本はスポーツ選手や指導者なら知っておきたい眼のことをわかりやすく書いたものです。スポーツにおいて「眼」に関心を持つことはほとんどないと思います。少ない関心の中でも一番身近な例として「眼はいい？」と言うときの「眼」は「眼＝視力」と捉えられているのではないでしょうか。日常、眼と言えば視力のことを指しているようです。
指導者：見えているか？
選手：はい、見えています。
指導者：そうか、それならいい。
　眼なんて見えていればいい。それ以上深く考えることはないかもしれません。本文に書いているように、スポーツでは視力が低い場合にはパフォーマンスに大きな影響があるので、よい視力はスポーツをする上で必要なものです。コンタクトレンズで適切に視力矯正できるようになりましたが、視力が低い青少年の割合は年々増えています。なぜ視力が低下するのか、どの程度なら矯正しなければならないか、この本でわかりやすく理解できます。
　眼のケガもスポーツ中に起きることは少ないので、あまり関心はないかもしれません。自分自身が眼をケガしたり、指導中にケガが起きたことも少ないでしょう。それだけに関心が少ないと思いますが、眼のケガはいったん起きると後遺症を残すことがあるので、スポーツ中のケガや傷害のことも知っておかなければなりません。
　この本で最も知っていただきたいのは「スポーツに必要な見るチカラ」＝「スポーツビジョン」のことです。スポーツビジョンとは何か、測る方法、トレーニング方法をわかりやすく説明し、すぐ役立つように書いています。
「見る」とか、「見える」などを考えるのは、視力検査やメガネ、コンタクトレンズをつくるとか、手元の文字が見えにくくなって、ひょっとして老眼？と思うときぐらいで、普段、意識することはまずないでしょう。見えるのはあたり前のこととして日常を送っています。
　しかし、私たちの行動のもとは眼から入る情報です。わかりやすい例が車の運転です。「なぜ左折できるのか？」という問いかけに、「ハンドルを左に切るから」と答える人がいます。でも、その前にすることがあるのでは？そこで初めて左を見ることに気づきます。ハンドルを切ってから左を見る人はいません。行動の前に見ることがあるのです。
　スポーツでも同じです。なぜ、状況に応じたプレーができるのか。それは見ることによって情報が入るからです。ということは、もし見るチカラに差があるなら、それはプレーに影響するかもしれません。
　わかりやすい例として野球のバッティングで考えてみます。バッティングは投手の投げたボールがベース上のどこにくるかを予測して、そこに向かってバットを振り出し、バットとボールを衝突させる技術です。プロ野球では３割打てば一流と言われるように難しい技術で、このため選手はバットをブンブン振り、これ以上ないという練習をします。

しかし、打つ前に見なければなりません。野球には「選球眼」という言葉があります。もし、選球眼がなければベース上の地点を正確に予測できず、いくらバットを振り込む練習をしても、ボールに当てる確率は低くなるでしょう。

野球の例をあげましたが、技術練習を行い、体力トレーニングをするのは誰でも、どこのチームでもやっていることです。技術もいいし、体力もあるが、今ひとつという選手がいるとき、原因をメンタル、気持ちの問題にしがちです。それもあるかもしれません。スポーツは心技体と言われるように選手の能力はさまざまな要因で決まりますが、私はその要因の1つに「見るチカラ」があると思います。「見るチカラ」のことを「スポーツビジョン」と呼びます。選手の能力の違いの一つにスポーツビジョンの違いがあるという考えです。

「見る」とか、「見える」は当たり前のこととして、普段、意識することはありません。技術や体力の差は歴然とわかるし、数値化することもできます。しかし見るチカラ、スポーツビジョンに差があるなど考えたこともないと思います。現在ではスポーツビジョンを測るさまざまなソフトやハードが開発されています。ぜひ一度、体験してみてください。

スポーツビジョンに能力差があることに驚くと思います。選手間の違いも歴然としています。ここでほんとうに違うのだと気づき、以降、見ることを意識するようになり、「漫然と見る」から「集中して見る」へ意識が変わっていきます。

選手や指導者が一番知りたいのは、ではどのようなトレーニングをすればよいかということでしょう。どのようなトレーニングも継続しなければ効果がありません。スポーツビジョンのトレーニングも残念ながら今日やって明日よくなるような「ポパイのほうれん草」ではありません。

継続できるためには楽しくできる、いつでもできる、練習を工夫することでできることが必要です。この本では、まずスポーツ種目に関係なく、スポーツ選手なら誰でもトレーニングしたい基礎的トレーニングのメニューを紹介します（第4章）。さらに、一口にスポーツと言っても多種多様なスポーツがあるので、代表的なスポーツとして野球、卓球、サッカー、バレーボールの練習の中で行うメニューを紹介します（第7章）。

日頃の練習メニューを見るという視点から工夫することでパフォーマンスをアップさせることができます。この本のメニューはあくまで例として、これをもとに創意工夫してください。また、自分の行っているスポーツなら、このトレーニングをアレンジすればできるというものもあるでしょう。

見るチカラを鍛えることでパフォーマンスをアップさせるという発想やトレーニングは斬新です。選手であれば自分のレベルをあげるのに役立つし、指導者であれば指導メニューのレパートリーを増やします。この本でうまくなった、選手のレベルアップにつながったという声が届けば、著者にとって望外の幸せです。

第1章 眼が身体をリードする……11

第2章 スポーツビジョンを測ってみよう……33

第3章 スポーツビジョントレーニング……41

第10章 知っておきたい眼のしくみと働き

コラム

第1章

眼が身体をリードする

①――どこ見ているんだ！

ボールから眼を切ったらダメだと言っただろう。
バットに当たるまで見ろ。
よく見ていけよ！
どこ見ているんだ！
あいつ見えていないんじゃないか？

こんな言葉がスポーツではよく交わされます。

指導者：見ているか？
選手：はい、見ています。
指導者：そうか、それならいい。
（話はここで終わってしまいます）
選手：（心の中で）見ろって言うから、しっかり見ているんだけどな。
指導者：（心の中で）しっかり見ているにしては、どうして打てないんだろう。

指導者は、見ることとプレーに関係があることは薄々わかっています。だから「よく見ていけ」と指示したり、まずいプレーをすると「あいつ見えてないんじゃないか？」と思ったりするわけです。

指導者の期待と選手の見ているところが違っているかもしれません。指導者には、こう見て欲しいと思っていても、選手がどこを見ているか、どんなふうに見ているかわからないし、選手自身は「しっかり見ているのに」と思っています。

「ボールから眼を切るな」というのは野球指導の定石ですが、選手もどこまでボールを見ているかわかりません。しっかりベースまで見ていると思っていても、そう思っているだけで、本当に見ているかは自分でもわからないのです。

それは「見る」とか「見える」がすべて脳の出来事だからです。わかりやすい例が夢です。夢は脳が見る現象ですが、他人の夢は見ることはできません。なぜなら他人の脳だからです。つまり、選手がどこをどんなふうに見ているかは指導者からは絶対にわからないわけで、選手にしたって「見ているか？」はどんなふうに見ればいいのか、わからないのです。いわばお互いにボタンをかけ違うことになります。

しかし、その選手がうまいか下手か、どこがいいか悪いかは経験を積んだ指導者ならすぐにわかります。それは指導者からはうまい下手が「見える」からです。

図1-1　入力と出力の比較

図1-1は、この関係を模式的にあらわしたものです。眼から入った情報は脳で処理され（入力系）、サッカーや野球のプレー（出力系）になります。入力、出力はもっと複雑ですが、ざっくりこのように分けられます。指導者や他の選手から見るとうまい下手は一目瞭然です。だからどこが足りないか、ここをうまくしようと繰り返し練習を行い、技術練習や体力トレーニングに励みます。

指導者には選手のうまい下手が見えるので出力系を鍛えるのは当然です。いいかえれば、これはどこのチームも行っていることです。

発想を変えてみませんか。もし選手の見るチカラに差があったら、それがうまい下手の理由の1つになっているかもしれないからです。

②——ティーチングとコーチング

指導者は「お前はここがいいが、ここが悪い」と指摘します。経験豊富な指導者には、うまいか下手か、どこがよくて、どこが悪いかすぐわかります。指摘することはティーチングです。「お前はここが悪い」と指摘されたとき、では「どうしたらよいのか？」「どんな練習をすればうまくなるだろうか？」と選手は思います。その思いに応えるように、こういう練習をすればうまくなるという引き出しをたくさん持つ指導者がコーチングのできる指導者です。

ティーチングはできるが、コーチングができない指導者はたくさんいます。コーチングの引き出しがないと、「言われたとおりにやれ」とか、「口ごたえするな」と言ったり、「できないのは気合が入っていないからだ」と気合を入れると称してムチャなトレーニングをしたり、体罰をくわえることもあります。

自分は殴られてうまくなった、だから殴ればうまくなると思っている指導者も少なくないかもしれません。体罰の連鎖です。これはコーチングではありません。指導者と選手という口ごたえできない関係だからこそ、単に自分の体験を選手に押しつけているだけではないのか、自分の指導はこれでいいのかと謙虚に見直すことが必要です。

コーチングができない指導者が「どうすればよいですか？」と聞かれた際、「だからよく見ろ、見ていないからだ」の一言で片づけてしまうというのもコーチングではありません。選手に見ることを意識させ、見ることからレベルアップさせることがコーチングです。

新しいメニューに挑戦することは勇気のいることで、実績のある指導者ほど新しいメニューを入れることに消極的です。それでうまくなるのか、それで今度の試合に勝てるのかと思っている指導者には、見るチカラをトレーニングするなど、とても受け入れられないかもしれません。それよりもこれまでの練習メニューを繰り返すほうが安全です。

本書は見るチカラをトレーニングして選手のレベルアップを目指す方法を紹介したものです。試合に勝つ方法ではありません。今度の試合に勝つには、間に合いません。選手の将来も見据え、これから伸びる選手に、うまくなるタネを蒔くのも指導者の役割です。

③——新幹線の駅名が見えるか？

見るチカラって？「動体視力」という言葉は聞いたことがあると思います。高速で動くものをはっきり見るチカラのことです。たとえば、新幹線に乗っているときに通過駅の駅名が見えるかどうか。ほとんどの人には見えませんが、常に高速で走っているカーレーサーには見えます。

世界の女性の中で初めてF3レーサーになり活躍している井原慶子さんと話をした際、「レーサーは時速350kmで走っているから、駅を通過するとき新幹線は時速250～270kmなので駅名は簡単に見える」と言っていました。つまり、自分が見えないから他人も見えないだろうと思うのは間違っているのです。

野球で投手のボールをベースまで見る（追う）チカラも動体視力です。どこまで追えるか、近くまで追えるほどバッティングに有利です。野球では「ボールから眼を切るな」と言いますが、自分がどこまで追っているか、自分自身もわかりません。自分はベースまで追っていると言う選手もいますが、それはそう思っているだけなのです。

なぜなら時速120Kmのボールは、ベース上を通過するときには900°/sec（1秒間に角度で900度動く速度）というとてつもないスピードになるので、ベースまで追うことは不可能だからです。自分はベースまで追っているという選手もそう思っているだけで、もちろんボールがバットに当たるインパクトの瞬間も見ることはできません。見えたと思うのは錯覚です。

だから、どこまで追っているか自分も指導者もわかりません。選手には中間点ぐらいで眼が切れてしまっても、そこまで追っているのは確かなので、「監督が言うように最後まで追っているんだけど」となり、指導者からは「おかしいな？ベース近くまで追っていれば、もっと打てるはずなんだけど」となるわけです。

動体視力の例をあげましたが、見るチカラには能力差があると考えることが大事です。

その違いがうまい下手の理由の1つかもしれないからです。見るチカラについて多くの研究の結果、次のようなことがわかっています。

発達に関して

・小学生の頃に急速に発達する。
・スポーツをしている子どもの見るチカラは高い。
・小学生の頃の差が大人になったときの差になる。
・個人差がある。
・男性は女性より高いがその差はわずかで、体力のような大きな差はない。

競技に関して

・競技レベルの高い選手の見るチカラは高い。
・スポーツ選手はスポーツをしていない人より高く、スポーツ選手でもボールゲームの選手がより高い。
・ただし、これらはあくまで平均値としての結果であり、個人差があるので絶対にそうだと言うわけではない。

レベルの高い選手は見るチカラが高いからこそ、
・スペースを見つけるのがうまい（サッカー）
・バッティングがいい（野球）
・スパイクを打つときブロックが見えている（バレーボール）
・ノールックパスができる（バスケットボール）
と考えてみませんか。見るチカラに競技レベルで差があるなら、見るチカラを鍛えればレベルアップするのではないか、と発想を転換してはどうでしょうか。

④——眼が身体をリードする

とは言っても、見るチカラがスポーツのうまい下手と関係することは理解しがたいと思います。それは見ることと身体は別物で、つながっていないと思っているからです。人の身体はすべてつながっています。当然、見ることと身体もつながっています。

前述したように見ることはほとんど無意識です。見ることを意識するのは、視力測定やメガネをつくるとか、コンタクトレンズを落としてしまったときぐらいです。知っていただきたいのは、「眼が身体をリード」するということです。眼からの情報で身体が動くという意味です。

車の運転を考えてみてください。眼をつむってしまえば1mも動かすことはできません。バック走行なんてとても無理です。左折するときはどうでしょうか。歩行者、自転車、車幅、信号、対向車、標識などを無意識に見て、刻々と変わる状況に応じてハンドル、ブレーキ、アクセルを操作しています。

左にハンドルを切ってから左を見る人はいません。見ることが行動の前にあるのです。つまり、眼から入って来る情報をもとに操作しているのですが、見えるとか、見るというのはあまりにも当たり前で、行動のもとが眼からの情報にあることは考えたこともないと思います。

もし、眼から入る情報が少なくなっていたら行動はどうなるでしょうか。たとえば、70歳以上の高齢者の見るチカラは、若者の2/3ぐらいまで落ちてしまいます。これは若者が時速100kmで識別できる標識を高齢者では70kmぐらいまで落とさなければわからないことを示します。この他にも高齢者になると視野が狭くなり、若い人のように眼も速く動きません。左右の確認のために首を振る範囲も狭く、しかも素早く首がまわりません。

高齢者のノロノロ運転をしばしば見かけることもあるでしょう。もちろんブレーキを踏むときの反応や踏む強さ（出力系）が落ちているということもありますが、それ以前に見るチカラそのものが衰えているので、速度を落とさなければ運転に必要な情報（入力系）が入らないため自然にスピードを落としてしまうからです。

高齢者の車の運転

「高齢者」の年齢の定義はいろいろですが、70歳を超えると見るチカラは大きく衰えてきます。最も顕著なのが眼球運動で、眼を素早く、幅広く動かす能力が衰えます。このため車の運転では道路標識や自転車、歩行者などにパッ、パッと素早く眼を移すことが遅くなります。

さらに有効視野と呼ばれる認知範囲も狭くなります。視野が狭くなると言っても病気としての視野と違います。たとえば、対向車に強く注意を向ける（気をとられる）と左右から来る車や自転車、歩行者などに注意が向かなくなる「認知できる範囲」が狭くなるもので、心理的な注意配分に関係するものです。これは子どものトンネルビジョン（トンネルのように中心だけが見え、周囲は見えない）と呼ばれるものと同じです。高齢者の交差点内交通事故の理由の1つに高齢者の有効視野が狭くなり、左右からの車や自転車に気づくのが遅れるためという研究もあります。

このような見るチカラの衰えを自覚することはほとんどありません。見るチカラは20歳頃がピークですが、そこから50年という時間が流れており、自分の衰えを自覚できないからです。もちろん高齢者と言っても個人差があり、40歳ぐらいのチカラの人も珍しくないので、高齢者だからとひとくくりにすることはできません。

「眼が身体をリードする」、眼からの情報で身体は動きます。高齢者の運転が慎重なのは車の速度を落とすことで、運転に必要な情報を得ようとしているからです。見るチカラの衰えは、老化にともなう自然なことですが、トレーニングによってアップさせることも可能です。1日15分程度のトレーニングを週3回、3ヵ月続けることで平均年齢75歳の高齢者も10%アップしました。これにより、車の運転でも視野が広がり、周囲が見えるようになる、気づくのが早くなることから高齢者の安全運転にもトレーニングは役立ちます。

⑤——当たる瞬間を見ろ！

では、スポーツにおいて見るチカラは能力に関係するのでしょうか。野球のバッティングの良し悪しの1つにボールを追跡するチカラがあることを示した研究があります。図1-2は時速120Kmのストレートを見るときの打者の視線を解析した実験結果です。

（ベースボールの科学　－ボールから目を離すな－、サイエンス社、1990）

破線（-----）がボール、実線（──）が視線です。2つが重なっていればボールを見ていることを表します。図のようにスイングを開始する頃から離れてしまい、ベース上ではボールと視線は完全に離れています。このことからも当たる瞬間を見ることは不可能であることがわかります。

この実験は、アメリカ大リーグ選手と大学野球選手が対象で、大リーグ選手でボールを最も近くまで追跡できた最短記録はベースの手前1.7mまで、大学選手で2.7mです。つまり大リーグ選手のほうが1m手前まで見ることができ、大学野球選手は早く眼が切れているのです。

たった1m。しかしここが大リーグ選手になれるかなれないかの分かれ目です。投手の投げるボールは、手元近くで微妙な変化をしてタイミングを外すので、近くまでボールを見ることができるほど変化に対応できるからです。スイングはブンと振り出したらコントロールできないように思いますが、レベルの高い選手はスイングの途中で微妙にタイミングをコントロールできることが研究で明らかになっています。卓球でもレベルの高い選手は、タイミングが合うように、あの一瞬の間にスイングをコントロールしているという報告もあります。

つまり、バッティングでは振り出した後でも「あ！まずい」と思った球をカットしてファールで逃げたりすることができるということです。これは野球経験者ならわかると思います。バッティングがよいというのはヒットを打つための技術や、カットでファールにする技術があることも必要ですが、その前にそもそもボール球を打たないとか、クサいボールの見極めをできることがあって初めてよい打者なのです。そのための見るチカラがどうしても必要で、見るチカラがないのに技術をいじっても限界があるのです。

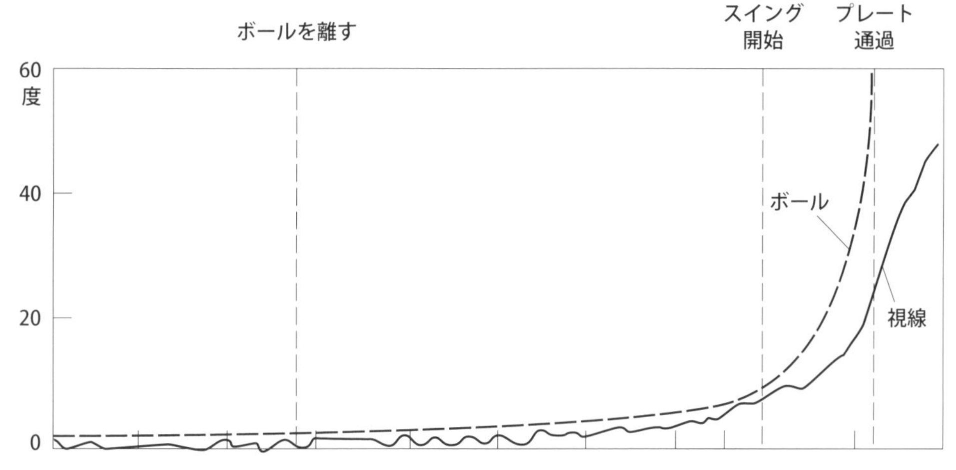

図1-2　ボールはベースまで追えない（出典　ベースボールの科学ーボールから目を離すなー、サイエンス社、1990）

ボールは止まって見えるか?

かつて、読売巨人軍の監督で、日本シリーズを9連覇した故・川上哲治さんは現役の頃、打撃の神様と言われ「ボールが止まって見える」という有名な言葉を残しました。

しかし、ボールが止まって見えるはずはありません。バットとボールのインパクトの瞬間が見えると言う人もいますが、これも不可能です。バットとボールが接触している時間は3/1000秒程度です。このわずかな時間で当たった瞬間が見えないことは映画のコマ数からわかります。

映画は1秒間に24コマ。これは眼では24コマよりコマ数が多い（時間的に短い）ものは止まって見えないことを利用しています。1/24コマは40/1000秒で、これより短い時間では静止して見ることはできません。バットの接触とは1ケタ違っています。つまり、人の眼では当たった瞬間を静止して見ることはできないのです。

当たった瞬間が見えた！と思うのはバットとボールが当たった感触から、後で当たった瞬間のイメージを作っているのではないかと思います。眼をつむって、ボールとバットが当たった瞬間を映像化してください。自由に映像が作れます。バットとボールの当たり具合から、今のは「ボールの下半分にバットが当たった」というイメージ映像を作り出し、その映像を本当に見えたと思うのではないかと考えられます。川上さんが止まって見えたというのも、絶好調のときにはあたかもボールが止っていたように感じたので、止まっているボールのイメージ映像を言葉にしたのかもしれません。

⑥——マルチネス選手（元シアトル・マリナーズ）のトレーニング

見るチカラの重要性がわかっていて眼のトレーニングをしていたのが大リーグのシアトル・マリナーズを2004年に退団したエドガー・マルチネス選手です。彼は2001年まで7年間連続で打率3割以上をキープしました。そして通算で2247本の安打を打ち（首位打者を2度、打点王を1度獲得）、しかも1283個のフォアボールを選んだという、とてつもなく選球眼のよい選手でした。選球眼はボール球を見極めるだけでなく、打てる球と打てない球を区別できる見るチカラのことです。

引退後、NHKの求めに応じてトレーニングを公開しました。彼のトレーニングはテニスボールに1ケタの数字を書き、テニスマシーンに長い筒をつけた特製マシーンから打ち出される数字の奇数、偶数を読み分けて打つトレーニングです。マシーンから打ち出される時速130～140kmにもなるボールの数字を読みとるには、瞬時の判断とともに最後までボールから眼を切らないようにしなければなりません。しかもボールは高速で回転して飛んできます。

リリースした直後の見極めがすべてと言っていいのがバッティングです。バッティングは、このボールはベース上ではここに来るというリリース点からベース上の点を予測し、そこに向ってバットを振り込む技術です。投手の手を離れた直後の軌道からベース上の点を予測するのは難しく、プロ野球でも3割打てれば一流選手です。

プロ野球投手の投げる時速150kmにもなるボールは、ベースまで0.4秒。もし、仮に軌道予測がその1/10の0.04秒早く判断できれば、約40cm手前で見極めができ、その分、スイングに余裕が生まれ、「まずい！」と思えばカットすることも可能になります。よくコンマ何秒と言いますが、スポーツでは100分の何秒の差で決まってしまいます。

まばたきが0.3～0.4秒で、その1/10の時間はとても感覚できませんが、スポーツでのうまい下手はそのレベルで決まってしまうのです。数字を読みとり、打ち分けるマルチネス選手のトレーニングは、実に理にかなっています。次のような効果があったと思います。

・一瞬で読みとるための瞬間的な判断ができるようになった。
・数字を読みとろうとしてボールを追うチカラが高まった。
・漫然と見るのではなく集中して見ることができるようになった。

繰り返しになりますが、バッティングの練習ではインサイドアウトのスイング軌道とか、スイングスピードなどの出力系が注目され、そのトレーニングばかり行いがちです。しかし、その前にボールを瞬時に判断したり、追跡する見るチカラの良し悪しがバッティングを左右していて、身体、つまり技術練習をあれこれ行っても基になる見るチカラがなければ、レベルアップには限界があると言えるでしょう。このように行動のもとに「見ること」があるという前提に立てば、見るチカラを鍛えてレベルアップが可能かもしれないのです。

⑦——3割と2割5分の打者の違い

3割と2割5分の打者の違いは何でしょうか。プロ野球でもよい選手は毎年安定した成績を残します。どこが違うのだろうかと考えてしまいます。技術の違いはあるだろうけれど、それほど違いがあるとは思えない。パワーが違うかもしれないが、それも関係しないかもしれない。わからないからこそ、こうしろ、あぁしろと技術的あるいは精神的な指導が熱心に行われます。

テレビの野球解説者も皆バラバラのことを言います。技術をもとに3割と2割5分の打者の違いは、100人の指導者がいれば100通りの説明をすると思います。

指導者は技術の次にメンタル（精神面）を指摘します。気持ちが違うからだ、打つ気でいけば打てるという精神論です。では気持ちのどこが違うのか、どうすればいいのか？となると、滝に打たれろ、座禅しろの修行になってしまいます。（もちろん、メンタルトレーニングを計画的に行っているチームや個人もあります）

両者の違いは明確です。3割打者のほうが100打席のうち5本余分にヒットが打てるのです（厳密に言えば、四死球や犠打なども考えられますが、ここではヒットかヒットではないかのみに注目して述べています）。100打席でヒットを25本打てれば2割5分。加えて3本打てれば2割8分、5本打てれば3割。それにはボール球を打たなければいいのです。ボール球を打つからヒットにならない。技術をアップさせて5本多く打つのではなく、ボール球に手を出さない、それは同時に打てる球を見抜くという眼を持つことで5本多くヒットになるのです。

つまり、何度も述べているようにバッティング技術をいじるのではなく、ボール球を見極めるというチカラを持つことで可能になるのです。技術やテクニックという出力系（p.13図1-1参照）を鍛えることだけ考えるのではなく、入力系も重要であるという発想が大事だとわかるでしょう。

ボールをよく見ろ、ボールを最後まで見ろということが野球指導の定石で、選球眼の重要性を指摘していますが、「どうすればいいのですか？」と聞かれても、具体的な指導ができないので、「だからボールをよく見るのだ」と言ってしまう。これでは回答になっていません。

⑧——見るチカラの差は2倍ある

見るチカラって言うけれど具体的にどういうことか？と思うでしょう。図1-3の「ナンバータッチ」に挑戦してみてください。1～30まで数字を1から順に30までタッチする時間を測ります。片手でも両手でもOKです。

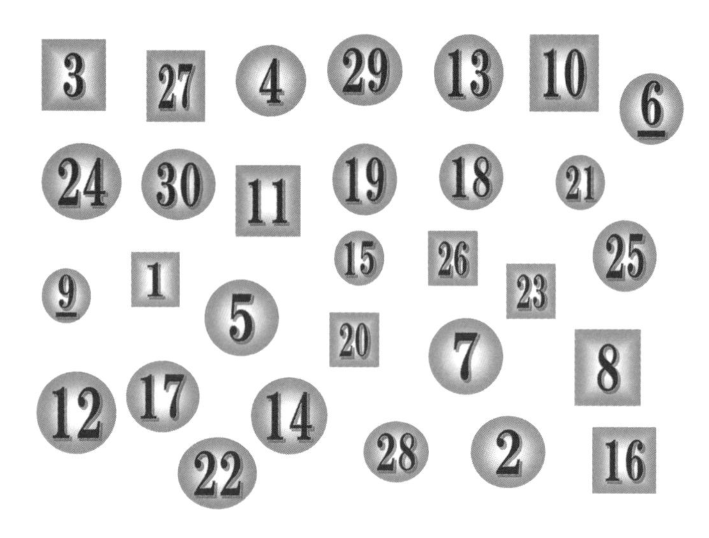

図1-3　ナンバータッチ（初級編）　1～30まで何秒でタッチできるか

速い人では30秒を切ります。遅い人では1分以上かかります。では、次の問題（図1-4）も挑戦してみてください。

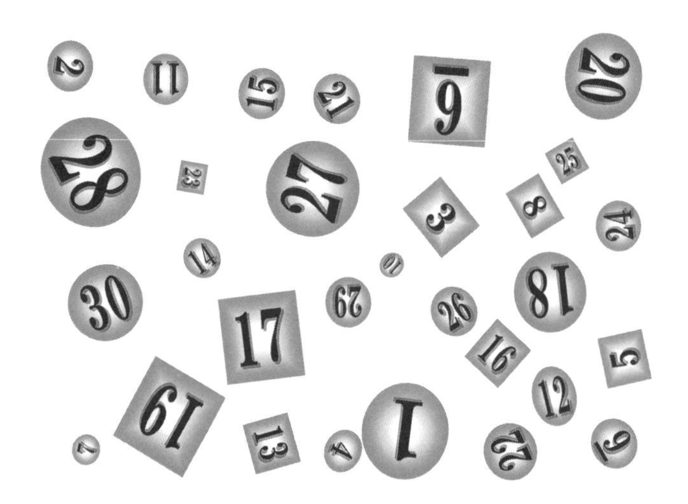

図1-4　ナンバータッチ（上級編）

図1-4の問題は数字の大小、図形、逆さもあるのでさらに難しくなっています。これでも速い人は30秒を切るでしょう。遅い人は70秒を超えるかもしれません。同じものを見てタッチするだけなのに2倍の差が生まれます。こういうことは普段しないので、誰でも同じようにできて差がないのではと思ってしまいますが、実際には2倍の差があります。

この差は手を動かす速さ（出力系）の違いではありません。手を動かす速さには、まったく差はなく、見るチカラ（入力系）が違うのです。ではどこが違うのでしょうか。

図1-5、図1-6は、①から⑳の数字を順に眼で追ったときの視線をあらわしています。図1-5が速い人、図1-6が遅い人の視線です。それぞれの●の大きさは、視線がそこに止まっていた時間の長短を表します。●が大きいほど長い時間止まっていることを示しています。

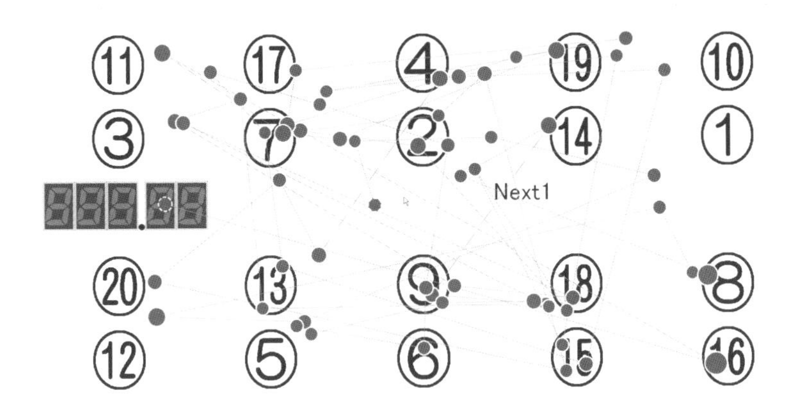

図1-5　速い人の視線の動き

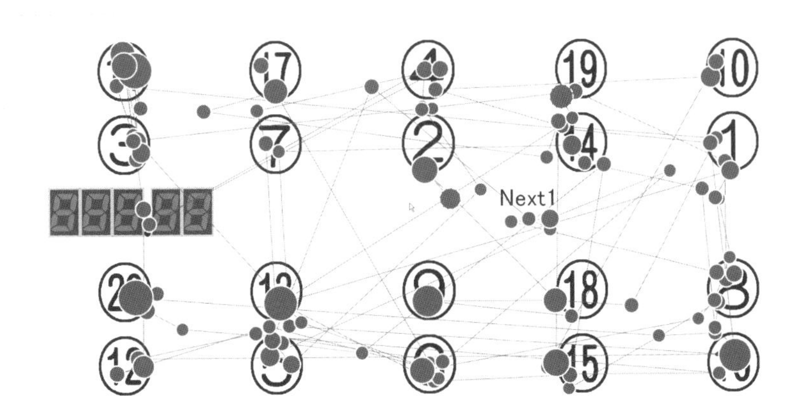

図1-6　遅い人の視線の動き

速い人と遅い人では、どこが違うのでしょうか。大きな違いは3つあります。

1）眼が速く動くかどうか

眼の動きには個人差があります。皆、同じように動くわけではありません。

2）視野が広いかどうか

速い人（図1-5）は、視線の動く範囲が狭いことがわかります。これは視野が広いからです。たとえば右上の①や⑩には、数字まで眼を動かさなくても、視野の隅でそれが①や⑩であることがわかっています。しかし、遅い人（図1-6）は数字まで視線を動かさないとそれが①や⑩であることがわからないため、遅い人の眼の動く範囲は広くなり、結果的に時間がかかってしまいます。

3）瞬間的に判断できるかどうか

●の大きさは視線が止まっていた時間の長短です。速い人（図1-5）の●は小さい＝視線が止まる時間は短いのに対し、遅い人（図1-6）の●は大きい＝視線が止まる時間が長いことがわかります。つまり、速い人はパッと見ればわかるのに対し、遅い人は判断するのに時間がかかるということです。

このようにまったく同じものを見ているのに、速い人、遅い人に2倍の差が出るのは「眼の速さ」、「視野の広さ」、「瞬間的な判断の速さ」というわずかな違いの積み重ねが結果的に2倍の差になっているからです。このことから見るチカラには能力差があることを理解していただけたのではないでしょうか。この能力差がパフォーマンス（できばえ）の良し悪しと関係しています。

剣道の目付け

剣道では一眼二足三胆四力（いちがん、にそく、さんたん、しりき）として、目付を最も重要なこととしています。目付けについては宮本武蔵も『五輪書』に「眼のくばりは大きく広く、観の眼つよく、見の眼よはく、遠き所を近く見、近き所を遠くみる事、兵法の事也」と書いています。

「観の眼」は広い視野で全体に注意を配ること、「見（けん）の眼」は相手の一部を注視することです。つまり、相手の一点に注意を向けてはいけない、相手の全体を見ろということです。

全体を捉えるほうが一点を見ておくより技の起こりに対する反応が速くなります。また、フェイントにも全体を見るほうが対処しやすいこともあります。

目付けは一瞬で勝負がついてしまうボクシング、空手、剣道などに共通したもので、一点に気を配らず、広く全体を見るようにして相手のわずかな動きを感覚的につかむものです。

剣道の上級者は面の中心や、眼を見ていて竹刀の動きには眼を向けません。初心者は竹刀の動き（フェイント）に気をとられた瞬間に打ちこまれ、また自分の打ち込みたいところに視線を向けて、簡単に読まれてしまいます。

ボクシングでは視線をアゴのあたりにおき、相手の動き全体をボウッと見て、絶対にグローブを見ません。パンチを見てから反応していては間に合いません。相手の肩がスッと引かれたのを感覚的につかめばパンチが来るとわかるので、前もって対応することができるからです。

⑨──スポーツは心技体＋眼

スポーツは心技体のバランスが大事と言われます。つまり、スポーツはメンタル、技術、体力の総合力ですが、私はこれに眼、つまり見るチカラがプラスされると考えています。

図1-7はあるプロ野球チームが入団時に見るチカラを測定した結果と、入団後の活躍を比較したものです。競技レベルは球団の査定です。

（プロ野球某球団における入団時のスポーツビジョン能力とその後の競技成績の関係、体力科学45、No6、平成8年）

8年間、63名というデータなので信頼性はあると思います。図のように見るチカラが高い順にAA>A>B>Cの関係があることがわかります。とくにスタメンで活躍する選手と枠外になる選手の差は大きいのです。

入団してからではなく、入団時、つまりプロで活躍するかどうかわからない時点の見るチカラとその後の活躍から分類しているので、いいかえれば見るチカラを見れば入団後活躍するかどうかがわかるということになります。

対象はプロ野球というトップレベルの選手にもかかわらず差があります。トップレベル

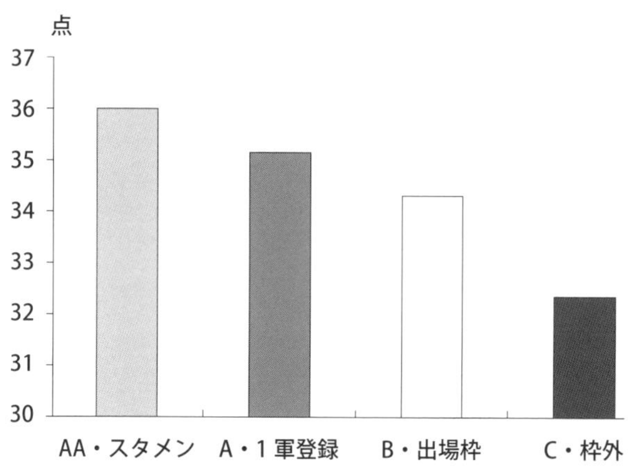

図1-7　あるプロ野球チームのスポーツビジョン（見るチカラ）の違い

においては心技体は紙一重でしょう。では何がレベルを分けているのか、それは見るチカラの差だと考えます。同じような結果は、Jリーグのサッカー選手やVリーグのバレーボール選手にもありました。

見るチカラが高い選手は、どうして活躍できるようになったのでしょうか？それは、眼から入る情報の質と量が違うからです。速いボールを追跡できる、視野が広くてまわりが見えている、瞬間的な判断が速いなどの眼からの情報が行動（技術）の基になっているからです。

しかし、レベルが低い段階では、見るチカラは競技力を分ける要素ではありません。たとえば、技術的に未熟な小学生の能力を分けるものは足が速い、敏捷などのいわゆる運動神経がいいとか体格がいいなどが重要な要素です。この段階は、技術も未熟、体力もないので、見るチカラ以前の問題で、見るチカラは重要な要素ではありません。しかし、レベルが上がり、対戦相手と心技体に差がなくなるにつれて見るチカラの違いが競技力に関係してくることになります。

だからと言って、レベルの低い段階では見るチカラをつけることは必要ないわけではありません。後で述べるように、見るチカラが発達するのは小学生の頃で、まさに臨界期なのです。この頃にこそ見るチカラをつけるべきで、それがその後の競技力を大きく左右するものになります。

⑩——スポーツビジョンは眼の体力

ここまで見るチカラと呼んできましたが、私は一般での見るチカラを「メヂカラ」、スポーツ選手の見るチカラを「スポーツビジョン」と呼び分けています。同じ能力ですが、スポーツの場合には一般の比ではない能力が必要となるので、区別するためにスポーツビジョンと呼ぶことにしています。したがって以降はスポーツビジョンと呼ぶことにします。

ではスポーツビジョンには、どのような能力が必要なのでしょうか。それはスポーツの場面を考えてみればわかります。

ただ、スポーツと言っても夏のオリンピックでは26競技（302種目）あり、冬のオリンピック、オリンピック種目ではないもの、さらに世界には様々な民族スポーツもあるのでその数は無数と言ってもいいでしょう。このため一口でスポーツとくくることはできません。しかし、以下の3つは多くのスポーツに共通しています。

・動くものを見る（ボール、選手など）
・広い範囲を見る（選手の位置や配置など）
・瞬間的に見る（一瞬で見て状況をつかむ）

ということは、スポーツでは「動くものを見る」、「広い範囲を見る」、「瞬間的に見る」能力が必要であることがわかります。つまり、これらの能力を総称したものが、スポーツ選手の見るチカラ＝「スポーツビジョン」なのです。

スポーツビジョンを「眼の体力」と理解するとわかりやすいでしょう。「体力」は行動体力と防衛体力に分けられ、スポーツの対象は行動体力です。行動体力は以下の3つに分類されます。

・行動を起こす能力（筋力、瞬発力、敏捷性など）
・行動を持続する能力（持久力、筋持久力など）
・行動をコントロールする能力（平衡性、柔軟性など）

体力は身体能力の総合です。要素が複合しているので1つの指標だけで、たとえば筋力があるだけで体力があるとは言えません。そこで3つの要素に分け、それらを総合して体力としています。このため体力測定では要素ごとに筋力、瞬発力、敏捷性、持久力、平衡性、柔軟性などを測るわけです。能力の複合なのでお互いに関連していて、たとえば敏捷性には筋力や瞬発力も関係しています。

スポーツビジョンも動くものを見る能力、広い範囲を見る能力、瞬間的に見る能力を総合したものです。総合したものなので本来は分けられないのですが、あえて動体視力、眼球運動、周辺視、瞬間視と分けて測定し、総合して評価します。当然、体力と同じようにお互い関連していて、たとえば動くものを見る動体視力は主に眼球運動が関係しますが、視野の広さ（周辺視）や瞬間的な判断（瞬間視）もかかわっています。

⑪——オープンスキルとクローズドスキル

ではスポーツの種類によってスポーツビジョンの重要性に違いがあるでしょうか。スポーツは個人種目、団体種目、陸上、水中、雪上、ボールゲーム、標的競技など様々に分類できますが、スポーツビジョンからはオープンスキル系とクローズドスキル系に分けることが可能です。

1）オープンスキル系

常に外的状況が変化し、状況に応じて的確に技術を発揮しなければならない種目。

【例】サッカー、野球、バレーボール、バスケットボールなどのほとんどのボールゲーム、剣道、空手など一瞬で勝負が決まる格闘技、スキー回転競技、カーレースなど。

さらにオープンスキル系は追跡系と視野系に分けることができます。

・追跡系：ボールやシャトルなどを見てバットやラケットで的確に打ち返すもの。ボールやシャトルの追跡力が関係します。

【例】野球、卓球、テニス、バドミントンなど

・視野系：まわりの状況により発揮する技術を変えるもの。広い範囲を見たり、一瞬で判断することが関係します。

【例】サッカー、バレーボール、バスケットボール、ラグビーなど

2）クローズドスキル系

外的状況は変化しない。一定の動作を一定のテンポで正確に繰り返すスポーツ。

【例】陸上競技、水泳（水球は除く）、スケート、ゴルフ、アーチェリー、弓道など。

ただし、スポーツによってはオープンスキルとクローズドスキルが混在しています。たとえば、バスケットボールはオープンスキル系ですが、フリースローはクローズドスキル系です。このような分類からわかるように、スポーツビジョンはオープンスキル系でより重要になりますが、クローズドスキル系でも様々な場面で関係しています。

⑫――小学生の時期が臨界期

スポーツビジョンは、小学生の頃に急速に発達します。視力は6歳頃までに完成してしまいます。3歳児の3/4はすでに大人の視力があると言われます。つまり、6歳がピークということは、小学生になってから視力がよくなることはなく、このため小学生、中学生と次第に視力が低い子どもが増えていきます。

スポーツビジョンは視力の完成を待って、小学生から学年を追うごとに発達します（図1-8）。中学生もまだ発達過程ですが発達の傾きは少なくなり、そして20歳頃にピークを迎えます。それ以降は30歳頃から次第に低下し、中年では小学生レベルに、高齢者ではそれ以下のレベルにまで落ちてしまいます。また男女でわずかに差があり、どの年齢でも男性のほうが高いのですがその差は数％で、体力のような大きな差はありません。

ただし、これはあくまで平均的な話で個人差があることは言うまでもなく、大人レベルの小学生もいますし、小学生レベルの大学生もいます。高齢者でも40代レベルの人も珍しくありません。

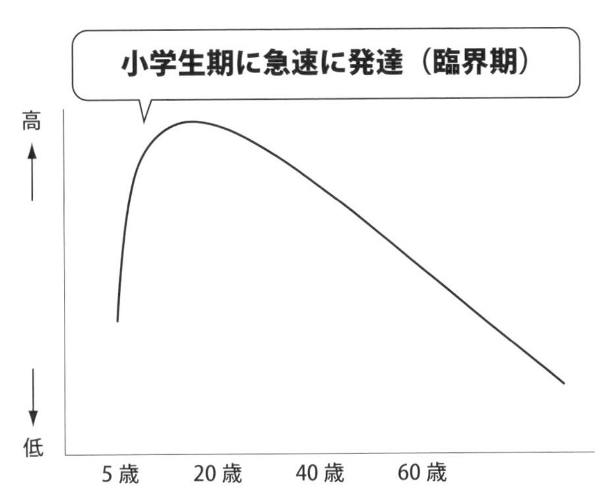

図1-8　スポーツビジョンの発達の模式図

小学生の頃のスポーツビジョンが決め手です。この頃にスポーツビジョンを高いレベルに上げておけば、加齢とともに落ちるとしても生涯高いレベルを保つことになります。

スポーツビジョンは、小学生の時期が発達の臨界期です。この頃の子どもは活発に活動し、活動することで自然に発達します。さらに、小学生で活動的な外遊びを好む子どもは、家の中の遊びを好む子どもより男女ともスポーツビジョンが高く、また、少年野球をしている小学生の子どもの動体視力は1年生から6年生の各学年とも、少年野球をしていない子どもより高いことがわかっています。つまり、小学生の頃は活動的であることでより発達するのです。

「鉄は熱いうちに打て」ということわざがあるように、小学生の時期が臨界期だからこそ、さらに発達を促す豊富な体験や積極的にトレーニングすることが大事になります。それには身体を動かしながら動くものを見る、広い範囲を見る、瞬間的に見ることを体験させる、練習メニューの中に見るトレーニングを導入することです。

オープンスキル系のボールゲームは、それが体験できる最適なもので、跳んだり、はねたり、ひっくり返ることで視界は激しく動き、動く視界の中で動くボールを見て、反応することによって、よりスポーツビジョンが発達します。クローズドスキルだけではスポーツビジョンはボールゲームほど発達しないので、陸上だけ、水泳だけと限定しないでいろいろなスポーツをするのがいいのです。

⑬──イチロー選手のトレーニング

子どもの頃のスポーツビジョンの差が生涯の差になります。大学生たちの間でも大きな差があり、この差はすでに小さい頃についているだろうと考え、7名の大学生にスポーツビジョンのトレーニングを負荷する実験を行ったことがあります。週3回、2ヵ月半のトレーニングでこの差が埋まるか調べました。トレーニングで全員よくなりましたが、2ヵ月半にわたってトレーニングしてもトレーニングする前の7名の能力差はまったく変わらないまま並行してアップしたので、結果的に能力差は解消しなかったのです。

また、55歳の中年女性たちにも2ヵ月半のトレーニングを負荷しました。結果は大学生と同じでトレーニング前にあった能力差はトレーニングしても解消しないのです。

（ゲーム機を使用したビジュアルトレーニングの効果、愛知工業大学研究報告、第43号、平成20年）

このことから、大学生や成人の差はすでに小学生の頃に決定してしまっていて、その差のまま大人になると考えられます。だからこそ、臨界期の小学生の頃にスポーツビジョンを発達させておくことが生涯のレベルを決めることになります。

臨界期に驚異的なトレーニングをしたのがアメリカ大リーグで活躍するイチロー選手です。小学3年生から中学3年生の7年間、ほぼ毎日、近くのバッティングセンターで練習したそうです。私はバッティングセンターに行って本当なのか場長に確認しました。本当とのこと。25球を1セットにしてこれを5セット、計125球を毎日打ち続ける練習をしたそうで、多い日には250球。これはプロ野球の特打の本数だそうです。

毎日、毎日、来る日も、来る日もこの練習を7年間。中学生になるとバッティングセンターのマシーンではスピードが遅すぎるのでイチロー選手用の特製のバネを作ってトレーニングしています。

何が一番、鍛えられたか。言うまでもなく瞬間視と動体視力です。ボールを一瞬で判断し、ベース近くまで追跡するトレーニングになったことです。まさにマルチネス選手のトレーニング（p.20参照）と同じです。イチロー選手には普通の野球選手には速く感じるボールも遅く見えているのかもしれません。これまで世界の野球選手の中でこれだけのトレーニングをした人はいないでしょう。そしてこれからも出ないのではないでしょうか。彼の活躍の陰には子どもの頃の驚異的なトレーニングがあることは言うまでもありません。

⑭——どこを見ればいいか具体的に教える

指導者：よく見ていけよ。
選手：（心の中で）見ているんだけどな。

指導者と選手のボタンのかけ違いをなくすには、この場合にはここを見ろと具体的に教え、一致させるしかありません。いいかえれば、いつ、どこを見て、どんな情報をとれと具体的に指示しない限り、指導者と選手のそれは一致しないでしょう。

いわゆる勘がいいとかセンスがいいと言われる選手は、指導者の「見ろ」という言葉でどこを見ればいいか理解できますが、そういう選手ばかりではありません。それぞれの場面で具体的にいつ、どこを見て、その状況に応じてどのような対応をしろと教えられることはほとんどないでしょう。

バレーボールの例で説明します。これは私のバレーボール選手としての経験です。高校まではそこそこでしたが、大学ではまったく通用しません。スパイクにはブロックで対応してくるので、壁に向かってスパイクを打っているようなもの。見かねた先輩が「ブロックを見ろ！」とアドバイスしてくれました。ボールを見ながら同時にブロックを捉えて打つということですが、それまでそんなことは考えたこともありません。

当然、最初はタイミングがまったく合いません。しかし視野にブロックを意識するようになるとブロックの枚数、隙間、タイミングなどがかすかにわかるようになり、やがて隙間があれば隙間を狙って打つことや、完璧にブロックが揃っていて、これはシャットアウトをくらうと思えば頭越しにフェイントするなど、状況に応じて様々に切り変えることができるようになりました。

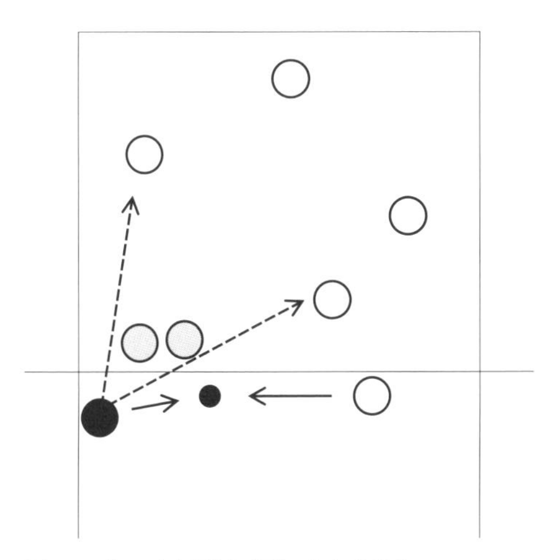
図1-9　ブロックを視野に捉えて打ち分ける

たまたま先輩が教えてくれましたが、スパイクに限らず、見ることについて指導者からの指導は一切ありませんでした。うまい選手は当たり前のこととしてできます。だからうまいのです。しかし、私のようなレベルでは教えられるまで考えたこともなく、しかも大学になって初めてできたのです。

見ることが当たり前にできるうまい選手ばかりではありません。教えられなければわからない選手がほとんどです。あいつはセンスないとか、センスが悪いと思われている選手も、単にそれを知らないだけかも

図1-10　ブロックの隙間を狙って打つ

しれないのです。

その場に合った技術を使い分けることが重要なので、まだまだ技術は未熟であっても、いつ、どこを見て、その状況に応じてどのような対応をしろと具体的に教える必要があり、それがセンスある選手に育てるカギであると思います。

第2章

スポーツビジョンを測ってみよう

選手がどのくらいの能力があるかチーム内で比べてみようと思いませんか。そもそも選手はスポーツビジョンを考えたことはないし、見るチカラに差があるなんて思ったこともないでしょう。本書の読者のほとんども考えたことはないと思います。だからこそ意義があります。見るチカラがスポーツでは大事なこと、人によって能力差があること、選手のレベルの違いの要因の1つはここにもあるかもしれないと選手に理解させることです。

スポーツビジョンを測り、能力差を経験すると、これまで漫然と見ていたことから、よく見よう、はっきり見よう、まわりを見ようと、見ることの意識が変わります。それがレベルアップにつながります。

何度も述べていますが、出力系（p.13図1-1参照）を鍛えるのはどこのチームでも行っていることです。しかし、入力系に着目しスポーツビジョンをトレーニングすることは斬新であり、どこでもやっていることではありません。他のチームや、他人がしていないことをやっているという意識はレベルアップのきっかけになります。指導者にとってもコーチングのレパートリーを増やすことにつながります。

第1章で述べたようにスポーツビジョンは「眼の体力」であるため、測ることは「眼の体力測定」ということになります。大事なのは結果が数値でわかること、何を測っているか選手が理解できること、そして簡便に測定できることです。

①──パソコンで測る

図2-1　スピージョン（Speesion）：アシックス

スポーツビジョンを測定する方法としておすすめなのが私が監修したスポーツビジョン測定ソフト「ビビット（ViVit：Victory Visual Training）」を使うことです。これは、かつてアシックスが商品名「スピージョン：Speesion」（図2-1）として市販したものをビビットと名称だけ変更し、ダウンロード版にしたものです。まず、プロトソフト（基本ソフト）を作り、基礎的な膨大なデータをとり、それをもとに完成させました。当時のアシックスに関連するアスリート約100名と一般人の結果をもとに10段階にランク設定しています。

Windowsパソコンがあれば①動体視力、②眼球運動、③周辺視、④瞬間視の4つの項目を簡単に測定することができ、10ランクで判定できます。4つの項目を簡単に説明します。

1）動体視力

左から右へ数字が移動します。数字は3つ出るので、出た順に数字を回答します。正解すると速度が速くなります。動くものを追跡して、はっきり見る能力を測定します（図2-2）。

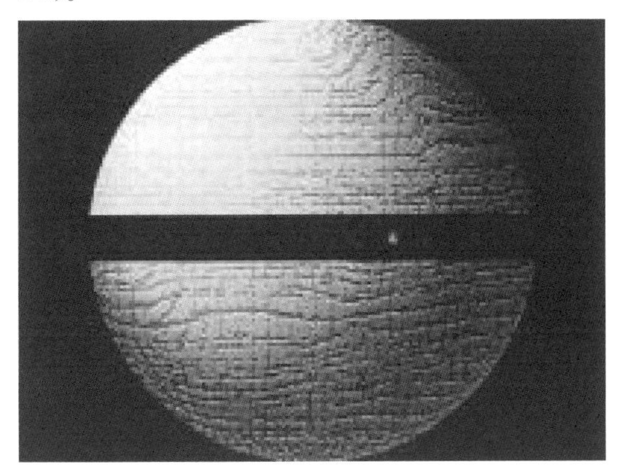

図2-2　動体視力

2）眼球運動

画面の9ヵ所に■と●が移動するので■の位置を回答します。正解すると提示速度が速くなります。眼の動きが速いと■と●の識別ができ、眼球運動の能力がわかります（図2-3）。

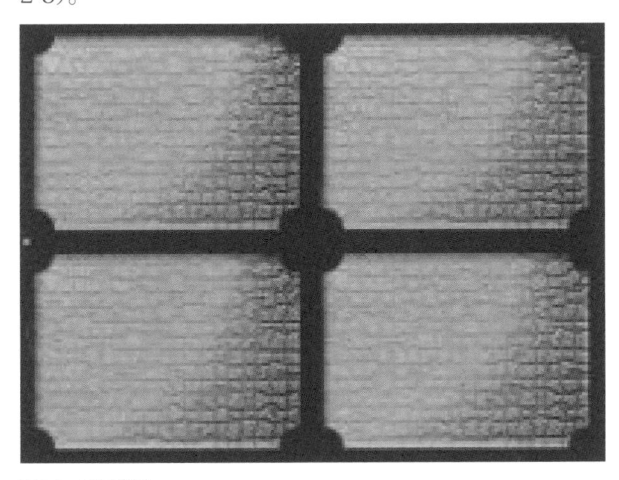

図2-3　眼球運動

3）周辺視

中心を見ながら、同時に▲の列の中にある●を認知するものです。正解すると●はより周辺に出るようになり、中心を見つつ周辺を見る能力を測定することができます（図2-4）。

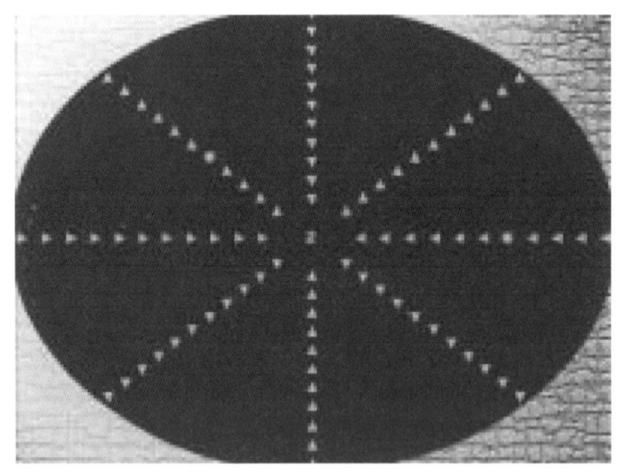

図2-4　周辺視

4）瞬間視

3×3の枠の図形が瞬間的に3回切り替わるので、2枚目のパネルの図形（たえば○）の位置を回答します。正解するほど提示時間が短くなり、瞬間的な判断力がわかります（図2-5）。

データは200名まで記録され、項目ごとにランキングを出すことができるためチーム内での差、個々の選手の優れたところや弱点がわかります。ランク9や10（10ランクの中で10が最も優れている）を出す人も珍しくありません。

どうしてそんなに眼が速く動くのか？どうして瞬間的にパッとわかるのか？できない人にはとてもついていけませんが、逆にできる人には、どうしてこんなゆっくりしたものが見えないのか不思議に思うようです。

図2-5　瞬間視

【ビビットの問い合わせ先】
浜松：アローズジム
430-0911　浜松市中区新津町534
TEL 053-411-1008　　http://www.arrows-gym.jp/

②――さらに詳細に測る

専用の機器でさらに詳細に測ることができます。動体視力を測るには動体視力計（図2-6）を使います。視力検査のCマーク（ランドルト環）が左→右（あるいは右←左）に高速で移動するので、切れ目の方向が識別できたスピードで判定するもので、速度は300°/sec程度です。これは投手の時速120Kmのボールがベース近くまで来たときの速度と同じくらいです。自動的に速度が遅くなるので、どこかで必ず識別できるようになっています。速いスピードで識別できるほど能力が高いという考えです。過去のスポーツ選手のデータをもとに10ランクで評価します。

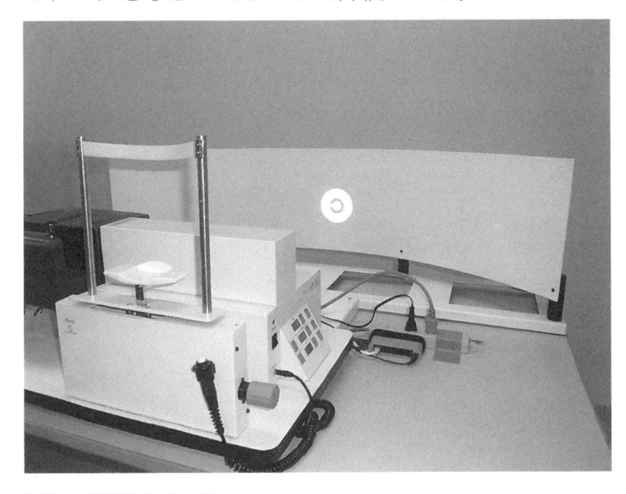

図2-6　動体視力計HI-10

スポーツでは眼で捉えたものに素早く反応する必要があります。その場合、手や足、身体で様々に反応しますが手による反応が最も多いと思います。これを「眼と手の協応動作」と言います。これには図2-7の装置を使用します。

パネルに60個のライトが点灯するので素早くタッチするもので、60個をタッチする時間で判定しています（図2-7）。この能力は眼球運動、周辺視、瞬間視などのスポーツビジョンの要素に加え、反応の正確性と敏捷性が加味したもので「スポーツビジョンの総合力」と位置づけられます。この能力の高いものはスポーツ選手として優れた資質を持っていると判断できます。これも10ランクで評価します。しかし、これらの機器で測定できる場所は限られます（次頁参照）。興味のある方はお問い合わせください。

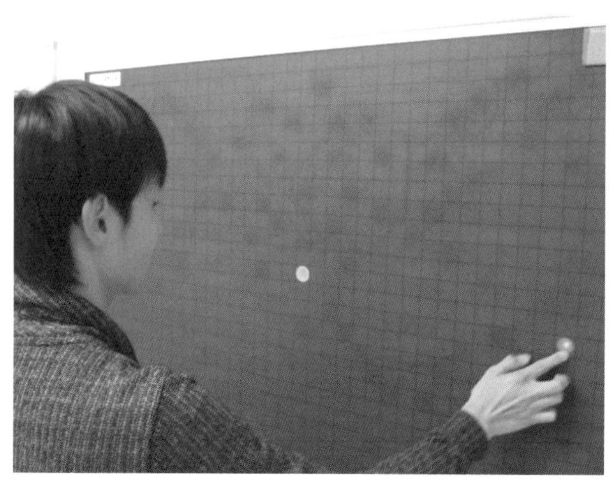

図2-7　眼と手の協応動作

東京：スポーツビジョン研究室
103-0013　東京都中央区日本橋人形町1-15-6
㈱東京メガネ内　TE 03-3668-4729　　http://www.sports-vision.jp/

浜松：アローズジム
430-0911　浜松市中区新津町534
TEL 053-411-1008　　http://www.arrows-gym.jp/

③――ざっくり測定するには

パソコンも機器も使わないで測ることができないかという考えもあるでしょう。これにはマグネット式のホワイトボードに①〜⑳までのマグネット数字を貼りつけたものを使うといいでしょう（図2-8）。枠は1m×70cm程度にします。数字の位置は適当で構いません。両手で①→⑳→①までタッチする時間をストップウォッチで測ります。

30秒で往復（①→⑳→①）できれば極めて優れた選手です。能力の低い選手は60秒を超えます。これは第1章のナンバータッチで述べたように、眼が速く動く、視野が広い、瞬間的な判断が速いという3つの積み重ねがタッチにかかる時間の差になっています。動体視力や眼球運動といった個々のレベルを測ることはできません。また、スポーツ選手の中でどのランクなのかはわかりませんが、チーム内での選手の能力が以下の3段階でざっくりわかります。

35秒以下：良い
36 〜 45秒：ふつう
46秒以上：悪い

図2-8　マグネットを使ったナンバータッチ

シャビ選手の飛び抜けた状況把握能力

2014年のブラジルサッカーワールドカップに際して、NHKは番組「ミラクルボディ」（2014年3月22日BS1で放送）の中で、バルセロナに所属するシャビ選手の能力を科学的に分析しました。シャビ選手はスペインチームの頭脳であり、いわゆる指令塔です。彼は「ピッチの上のすべてが見えている」と言います。そのためには状況を把握する能力が高くなければならないでしょう。

番組の中で、状況把握能力としてスウェーデンの科学者チームはアルファベットと①～⑯までの数字をランダムに配置したA3サイズのテスト用紙を用意しました。シャビ選手にこの中から①～⑯まで順に線で結ぶ課題を与え、時間を測りました。結果は13.3秒でした。ちなみにスウェーデンの一般人の平均が30秒、スウェーデンサッカー選手平均が20秒。彼の能力が飛び抜けていることがわかります。つまり､彼には数字を探さなくても、テスト用紙全体が「見えている」ので順に線で結んでいるだけなのです。この全体が見えている彼の能力が「ピッチの上ではすべてが見えている」という言葉のもとになっていると考えられます。

番組でのテストは①～⑯まで線で結ぶものでしたが、これは図2-8のナンバータッチと同じで、タッチするか線で結ぶかの違いでしかありません。ナンバータッチをぜひやってみてください。見えているか、見えていないか、スポーツ選手としての能力の違いがはっきりわかります。

第3章

スポーツビジョントレーニング

①――眼の体力を鍛える

第1章でスポーツビジョンは眼の体力と述べました。スポーツビジョンを測るのは「眼の体力測定」と言うことができ、これは第2章で紹介しました。したがってスポーツビジョンを鍛えるというのは、ひらたく言えば眼を鍛える＝「眼の体力トレーニング」ということになります。これをスポーツビジョントレーニングとかビジュアルトレーニングと言います。ここでは略してトレーニングとします。

トレーニングを紹介すると、しばしば「それで勝てるでしょうか？」と聞かれることがあります。勝つためのトレーニングではありません。今度の試合で勝ちたい、3ヵ月後の大会で優勝したいという勝利を目的としたものではありません。

選手一人ひとりの見るチカラをアップさせて、その選手のレベルアップに貢献しようというものです。今、勝つことではなく、これから活躍が期待される臨界期である小学生や、伸び盛りの中学・高校生の眼の体力をつけてやることが目的です。この時期にトレーニングすることで、将来大きく伸びる可能性があるからです。

後になって、監督・コーチに、あのときのスポーツビジョンの指導がすごく役に立った、あのときのおかげで今があると言われるようなトレーニングをすることを目指したいものです。

体力は鍛えられても、眼なんか鍛えられるのかと思うかもしれません。もちろん、この場合の眼のトレーニングは、視力をよくするトレーニングではありません。後述するように一旦、メガネやコンタクトレンズをかけるほど視力が落ちてしまったらトレーニングで回復することはありません。

一般的なトレーニングのイメージは練習の他にやるもの、汗をかいて、苦しくて、しかも単純なことの繰り返しです。できればやりたくないでしょう。ボールゲーム（球技）の選手ならボールを使った練習をやりたいと思っているでしょう。

スポーツビジョンのトレーニングは汗もかかず、苦しくないので、これでトレーニングになっているのか？と誰もが思うようです。そのかわり短時間ですごく集中するので精神的に「疲れた感」があります。いいかえれば、ダラダラ長い時間行っても効果はなく、時間のムダになります。短時間で集中してこそ効果が出ます。

スポーツビジョントレーニングに限らず、大事なことは続けるということ、「継続はチカラなり」です。どんなに高価な設備があり、トレーナーが指導しても続けなれば効果はありません。トレーニングに即効性はありません。週3回ぐらいの頻度で、3ヵ月ぐらいトレーニングして初めて効果が出ます。

「え？3ヵ月もかかるの？」と思うかもしれません。筋力トレーニングで筋繊維が太くなるのに3ヵ月かかると言われます。人の身体が変わるのにはそれくらいの期間が必要なのです。

日々の練習を「技術をアップさせるトレーニング」と考えればわかるように、技術がすぐうまくなることはありません。地道にこつこつ練習して、長い時間かけて上達します。

つまりどんなトレーニングにも即効性はなく、だからこそ継続させなければなりません。それにはどうすればいいでしょうか。

②——継続するためには

継続するためには3つの要点があります。

1. 楽しいこと

トレーニングが楽しいことです。楽しく、面白いと思えば続けることができます。同じスポーツを何年も続けるのは、そのスポーツが楽しいからです。チームで競争する、記録をとって可視化するなどの工夫が必要です。

2. 専用の機器やトレーナーはいらない

トレーニングのたびに高価な専用の機器を用意する、トレーナーがいなければできないということでは絶対に続きません。お金をかけずにいつでもできるものでなければなりません。

3. 練習メニューを工夫する

トレーニングだけに余分に時間をとるのは大変です。日々の練習をトレーニングのために工夫することが可能です。準備運動を工夫したり、体力トレーニング、練習メニューを工夫することで余分な時間をかけずに楽しくできます。

③——技術練習とリンクさせる

第1章で述べたようにスポーツビジョンが特に求められるのはボールゲームなどのオープンスキルです。選手、ボールなどがめまぐるしく動くので、その状況にあった最適なプレーをしなければなりません。

ところが指導者の中には見るチカラをトレーニングして、はたしてうまくなるのか？と思っている人が多いのでトレーニングに懐疑的です。たとえば後述する眼を上下左右に動かす眼球運動のトレーニングをしたら、それだけでバッティングはうまくなるのか？といった疑問がよくあがります。

私は、製品の微細な不具合を見つける目視検査員の見るチカラをアップさせて不良の漏れをなくすトレーニングの指導も行っています。これまで数社がトレーニングを導入していますが、そのすべての企業で見るチカラがアップし、それとともに不良の流出が減少し、生産性（出来高）も上がっています。

目視検査では不良を見つければそれを抜き取るだけでよく、抜き取りに特別な技術（テクニックや速さ）を必要としません。微細な不良を見つける眼を持つことが目的で、このため目視検査では眼を鍛えるトレーニングが結果に直結します（図3-1）。

ところが、スポーツの場合はスポーツがうまくなる、つまりパフォーマンスをアップさせることが目的で、パフォーマンスの間には技術が介在しています。パフォーマンスがアップしなければ、眼なんか鍛えても…となるわけです。

技術はたとえばバッティング、ドリブル、スパイクといったスポーツを構成するもの、パフォーマンスはできばえであり、たくみ、なめらか、うまいなどの技術の使い方です。

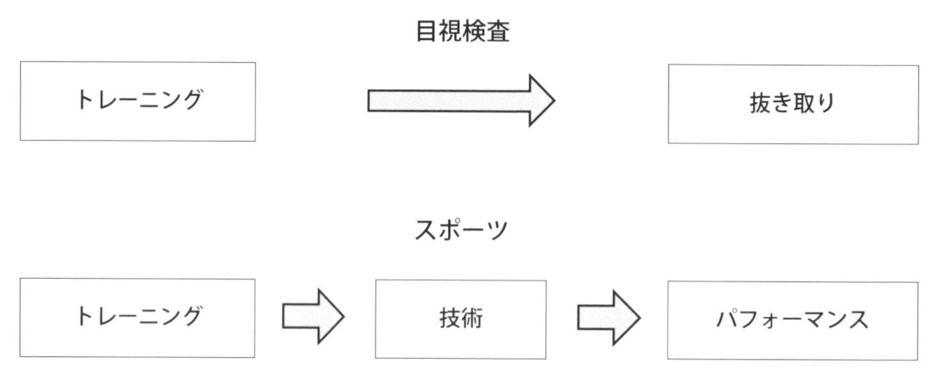

図3-1　スポーツでは技術とリンクしてパフォーマンスをアップさせる

そこで、見ることと技術をリンクする、いいかえればそれぞれのスポーツの見る特性を考えて技術練習の際に、見る→技術を徹底することでパフォーマンスをアップさせることが大事なのです。それには当たり前としてやっている練習メニューを見直し、工夫することによりレベルアップが可能です。

野球の例ですが、ティーバッティングをなんの目的かわからずにやっているということがあります。私の大学の野球部の選手に何のためにやるのかと聞いても、「さぁ？惰性、習慣、皆がやるから」という認識でした。

これを工夫します。数字を書いたボールを使って数字をコールさせたり、奇数、偶数で打ち分けるというものです。これによって数字を見ようとして「集中して見る」こと、一点をパッと「瞬間的に見る」ことを繰り返すことでバッティングがレベルアップします。

また、漠然とボール全体を見るのではなく、ボールに小さい●を書き、●を見て打つことでインサイドアウトのスイングができるようになります。さらにトスされたボールの左側、右側を見て打つことで打撃方向を打ち分ける練習になります。これなら日々の練習の工夫で可能で、実際に実践しているチームもあります。

④──トレーニングの原則

1）時間

では効果が出るまでにどんな練習をどのくらい行えばいいでしょうか。スポーツビジョンのトレーニングでは、筋力トレーニングのように何kgのバーベルを何回というような数値で一律に示すことはできません。なぜならチームや個人で練習の内容、レベル、時間が違うからです。
先に述べたようにダラダラと行っても効果はありません。後で示すトレーニングをいろいろ合わせてもおおまかに1日15分で十分です。集中する時間の限界が15分と考えるからです。15分を分散しても構いません。15分ならチームでも時間がとれると思います。

2）頻度

「週何回実施すればいいでしょうか？」とよく聞かれますが、週3回トレーニングすれば効果があります。2日に1回で十分です。自宅で行うトレーニングも含めて週3回ペースです。ただし、週1回だと効果のペースは落ちてしまい、2週間で1回ならほとんど効果は期待できません。

3）期間

週3回なら最低でも3ヵ月は続ける必要があります。即効性はありません。わずかでもいいのでこつこつ継続することが大事です。週1回の頻度では効果が出るまでにさらに時間がかかります。

4）効果の保持

一旦アップするとトレーニングを完全にやめても最低でも2ヵ月間は保持され、もとのレベルまで戻りません。したがって、たとえばオフシーズンに集中的にトレーニングした効果は、試合が続いてトレーニングが十分できないオンシーズンであっても、少しでも継続していれば保持されています。

⑤――基礎的トレーニングと種目別トレーニング

1）基礎的トレーニング

第1章で紹介したオープンスキル系、クローズドスキル系種目のいかんにかかわらずスポーツ選手として必要な能力をアップさせるものです。これは体力の中の基礎体力に相当するもので、動くものを見る、瞬間的に一瞬で判断する、広い範囲を見るというスポーツビジョンの個々の要素をアップさせるものです。
しかし、クローズドスキル系スポーツ、たとえば陸上競技では自分たちには見るチカラなど関係ないと思うかもしれません。しかし、見ることと身体はつながっています。まっすぐバランスよく走れるのは、周辺視野からの情報が関係しています。無意識な感覚なので、それでバランスがとれているとは考えませんが、視野を広げることでバランスがよくなります。決して見るチカラと無縁ではないのです。加えて今、陸上競技を行っていても将来も同じ競技（種目）をするとは限りません。どのような種目をするにしても基礎的な能力を高めることは大事です。

2）種目別トレーニング

それぞれの種目の見る特性に応じたトレーニングです。体力の中の応用体力に該当するものです。とくに状況に応じた最適な技術や、正確で敏捷な身体反応が必要なオープンスキル系で必要となるトレーニングでボールゲームでは必須です。

追跡系

それぞれの見る特性とはなんでしょうか。野球、ソフトボール、卓球、テニス、バドミントンに代表される追跡系スポーツの特性は、ボール（シャトル）の軌道をパッと瞬間的に判断するチカラと、高速で飛来するボールを追跡する眼のチカラです。野球を例にして説明します。

何度も述べていますが、野球のバッティングはリリースポイントをもとに、ヒッティングポイントを予測して、ヒッティングポイントに向かってバットを振り出し、ボールとバットを衝突させる技術です。専門的にはスペーシング（距離）、タイミング（時間）、グレーディング（強さ）の3つの要素が揃うことが必要です。このうちタイミングが最も重視されます。

すでに述べたようにプロ野球投手の時速150kmのボールはベースまで0.4秒です。「ここだ」と判断するまでの時間をその1/10（0.04秒）早めれば距離にして40cm手前で判断できることになります。つまり、いかに瞬間的にリリースポイントからヒッティングポイントを予測できるかが大事で、判断を速くするトレーニングは欠かすことができません。判断と言っても考えることではなく、いわゆる反射的にとか、感覚的にわかるという意味です。

さらに野球では「ボールから眼を切るな（離すな）」と言いますが、第1章で述べたようにいかにベース近くまで追跡できるかが重要です。瞬間的に判断し、さらに近くまで眼を切らないようにするトレーニングも必須です。このようにそのスポーツでどのような見るチカラが必要となるかを考えて、日々のボールを使った練習を工夫してトレーニングするのが効率的で効果的です。

視野系

サッカー、バレーボール、バスケットボールに代表される視野系スポーツは選手やボールを瞬間的に見ながらその状況に応じてプレーします。たとえば、サッカーやバスケットボールのノールックパスはまわりの選手が見えていることが必要です。ただし、見えているといっても「はっきり見える」わけではなく、「なんとなくわかる」とか「感じる」という感覚的なものです。したがってこれらのスポーツではまわりの状況を瞬間的に捉え、その状況に応じて最適なプレーをするトレーニングが必須です。

コースの1/3でわかるが、打てない

野球の打者はどこでボール、ストライクを判断しているでしょうか。真ん中あたりまできたとき？もっと近くで判断する？これも実験してみました。

（野球のバッティングにおけるボール情報の有用性、愛知工業大学研究報告、第32号、平成9年）

投手の手が赤外線を切ると、打者のかけている視覚遮断装置が落ち、それ以降は見えない実験装置をつくり、投手にストレートを投げてもらいます。平均時速は105kmでした。コースの1/5、1/3、2/5、1/2まで見える条件にしました。

結果は、コースの1/3までで、6割の確率でこれは内角高め、外角低めのストライク、これはボールというように、ストライクとボール、ストライクならどこかがわかっていました。1/3の距離、リリースから6mあたりです。

では、1/3でわかっているなら、それ以降見えなくても（視覚遮断）打てるのか、今度はマシーンの120kmのストレートで調べました。結果は1/3では打てないのです。もっと手前までボールを見ない（追わない）とバッティングできません。正確に打つにはコースの4/5までボールを見る必要がありました。

どこで判断しているか、どこまで見ているか一瞬のことなので自覚できませんが、投手の手を離れて1/3までに判断し、4/5までボールを見ていないと正確なバッティングができないことがわかりました。トレーニングの目的が判断を速くし、眼を切らないようにすることにある根拠です。

第4章

基礎的トレーニング

①——パソコンを使ったトレーニング

第2章で紹介した「ビビット」があれば簡単にトレーニングできます。ビビットの中のトレーニングモードで動体視力、眼球運動、周辺視、瞬間視の4項目のトレーニングができ、レベルアップの経過がグラフになるので、トレーニング効果が一目瞭然です。トレーニングした結果が数値や図でわかるので楽しく継続することができます。

ゲーム機でトレーニングすることもできます。私が監修したニンテンドーDS「見る力を実践で鍛えるDSメヂカラトレーニング」（図4-1）は、ゲーム感覚で見るチカラを鍛えるものです。ゲーム機なんかで鍛えられるのか？と思うかもしれません。このソフトで多くのトレーニング実験を行いました。

図4-1　ニンテンドー　DSメヂカラトレーニング

ニンテンドーDS（以下、DS）は小さい画面ですが、これでトレーニング可能です。大学生7名が2ヵ月半、このソフトでトレーニングしました。トレーニング前にビビット（p.34参照）で動体視力や眼球運動などのランクを測っておき、トレーニング後にビビットの成績がアップするか調べました。

その結果、なんとビビットがランクアップしていたのです。大学生はDSでトレーニングしただけでビビットではまったくトレーニングしていません。しかし成績がアップ。これはDSによって見るチカラがアップしたので、ビビットにも効果が波及することを示すものです。このことからDSでも見るチカラをアップさせることができることを証明しました。もともと、トレーニングのためのソフトなので当然と言えば当然です。

②——いつでも、どこでもできるトレーニング

パソコンやDSを使わなくても、いつでもどこでもトレーニングすることができます。これらのトレーニングは準備運動のとき、室内練習のとき、オフシーズン、家で簡単にできるトレーニングです。これらの中から、人数、時間、場所などを考えていくつか選択しトレーニングとして導入するといいでしょう。慣れてしまうと惰性になるので負荷を次第に強めます。

1）眼球運動

眼球運動はスポーツ選手なら必須のトレーニングです。眼は誰でも動きますが、スピードと幅には個人差があり、同じように動くわけではありません。周囲を見るとき、眼と頭では眼のほうが速く動くので、まず先に眼が動きその後に頭が動きます。眼の速度は最大で600°/secにもなるので眼が速く、幅広く動くほど周囲の状況をつかむのに有利です。

眼を動かす筋肉は、外眼筋と呼ばれ、1つの眼に6つの筋肉、計12本の筋肉が眼を動かしています。この外眼筋の筋組成は骨格筋と同じ横紋筋です。このため筋力トレーニングで骨格筋を鍛えるように外眼筋もトレーニングすることが可能です。実際に大学生、高齢者に週4回、３ヵ月の眼球運動トレーニングを負荷したところ、大学生も高齢者も眼球運動の速度が速くなり、幅も広くなりました。

（眼球運動トレーニングの読書への効果、愛知工業大学研究報告、第48号B　平成25年）

（1）親指フォーカストレーニング

①左右、上下、斜め

最も簡単な眼球運動が親指フォーカストレーニングです。図4-2のように左右の親指を立て、肩幅に広げ、顔を動かさずに眼だけで左右の爪を交互に見ます。このとき爪がはっきり見えるようにピタッ、ピタッと眼を止めます。ダラダラと動かすと爪がはっきり見えません。1秒1往復のテンポで20回(20往復)行います。慣れないうちはスピードよりピタッと止める正確性を重視してください。

図4-2　左右の眼球運動

爪を上下すれば上下の眼球運動になり（図4-3)、斜めにして斜めの眼球運動も可能です(図4-4)。左右20回、上下20回、斜め20回×2で計80回が1セットです。時間にして80秒、2分足らずでトレーニングできます。準備運動のときに全員で行いましょう。全員で行うときはコーチ役が手叩いたり、笛を吹いてテンポを作るといいでしょう。これを1ヵ月続けます。

トレーニングを続けると次第に負荷として軽くなるので、２ヵ月目は幅を1.5倍にして

図4-3　上下の眼球運動　　図4-4　斜めの眼球運動

同じ回数行います。さらに3ヵ月目は1ヵ月目の2倍の幅で広げます。幅が広くなると眼が速く動かない選手は、無意識に頭を動かすようになります。頭が動く選手は眼球運動の能力が低い傾向にあります。

トレーニングによって幅を肩幅の2倍にしても頭を動かさずに爪を見ることができるようになります。トレーニングの後、眼の奥が熱く感じるのは外眼筋を強く動かすことで熱を持つからで、トレーニングされているためです。頭が動く人にはスピードよりも、ゆっくり正確に動かす正確性を優先させます。図4-5のような輪とヒモで幅を固定することもできます。

図4-5　輪とヒモを利用して幅を一定にできる

②パートナーと眼球運動

2人ペアになり、さらに複雑にして行うことができます。図4-6のように、パートナーが指1本出し、3ヵ所に眼を動かします。パートナーは相手の眼がピタッ、ピタッと止まっているか確認します。これで20往復します。

図4-6　3ヵ所に眼を動かす

他には以下のバリエーションがあります。いろいろ工夫してください。

バリエーション

- パートナーが2本出して4ヵ所にする（図4-7）。
- パートナーの指の位置を上と下にする。
- パートナーは指をゆっくり上下に動かす。
- 野球のバッティングを想定してリリースポイント、ヒッティングポイントの間に2本指を置き、ボールの飛来を想定して眼を動かす（図4-8）。

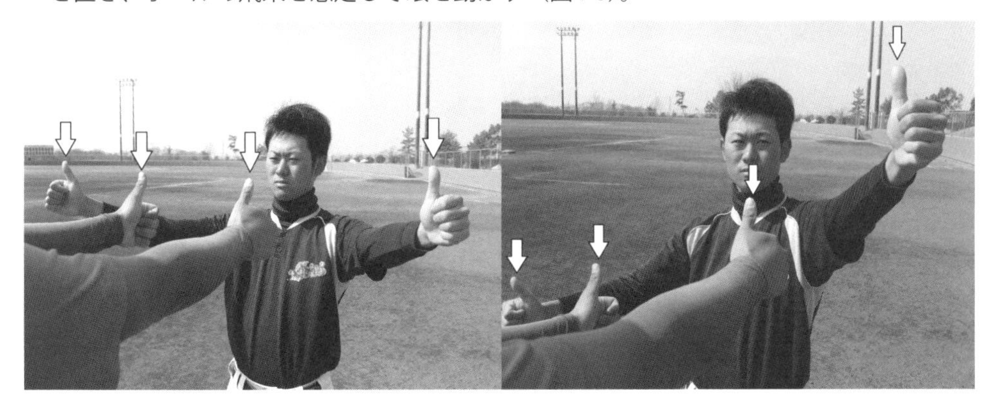

図4-7　4ヵ所に眼を動かす

図4-8　リリースとヒットポイントを想定して動かす

③10本指フォーカストレーニング

左右の指を広げ、爪にフォーカスをあて往復するトレーニングです。左親指→右親指→左人差し指→右人差し指→左中指→右中指…というように左右交互に見て左親指→右親指まで戻りこれで1往復。これを連続3往復します（図4-9）。

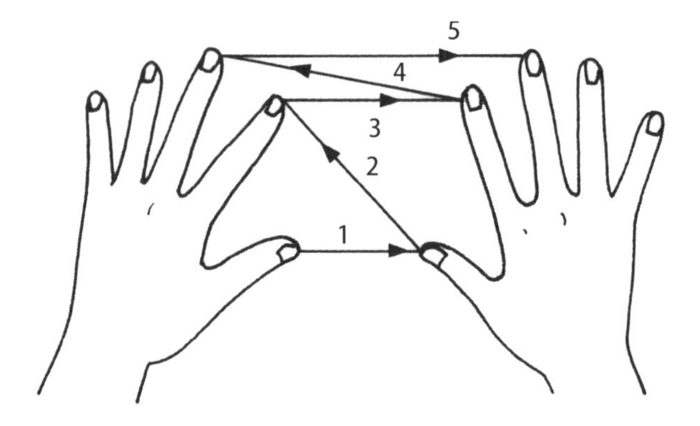

図4-9　10本指フォーカストレーニング

バリエーション

・幅を広げる。
・斜めにする。
・どちらかの手を斜め前にして、斜めでしかも遠近を見る。

2）ナンバータッチトレーニング

第2章で紹介したナンバータッチ（p.39図2-8参照）でトレーニングします（図4-10）。

図4-10　ナンバータッチトレーニング

バリエーション

・範囲を広げる。
・数字を増やす。
・数字を斜めや逆さにする。

・奇数、偶数タッチ。
・片手でタッチ（図4-11）。
・片眼で見る。

図4-11　片手でナンバータッチ

これらを組み合わせるなどいろいろ工夫できます。時間を測り選手どうしで競います。条件を決めて記録をつけておけばトレーニング効果が一目でわかり、部室や自宅におけばいつでもトレーニングできます。眼球運動、瞬間視、周辺視の総合的なトレーニングができます。

3）電車の中から看板や駅名を見る

電車の中から外の看板や駅名などはっきり見ようとするトレーニングです。線路の電柱は等間隔に立っているため、タイミングを取りやすく、電柱を一本ずつはっきり見ようとするのも効果的です。慣れてきたら、できるだけ顔を動かさないようにして行いましょう。

図4-12　電車の中から看板や駅名を見る

4）周辺視のトレーニング

この視野のトレーニングで、病気で視野が狭いといった眼科的な視野が広がるわけではありません。スポーツで視野が広いという場合は、注意（意識）を周辺に配ることができるかどうかで決まります。周辺ではっきり見えるわけではなく、見えるというのは、なんとなくわかるとか、感じるという感覚です。ノールックパスができるのも視野の中にいるチームメイトがなんとなくわかるからです。このため視線を前に置きながら、周辺に意識を向けるトレーニングが周辺視のトレーニングになります。

（1）パートナートレーニング

2人1組になり向かいあいます。視線はパートナーの眼に置きます。パートナーは、左右の指で0～5までの数字を出します。その指の数字をまねて出します。視線を前に置きながら周辺で指の数を感覚するトレーニングです（図4-13）。これによって意識を周辺に配るトレーニングになり、これを継続することで、いわゆる視野の広い、まわりが見える選手になります。2人交互に20回ずつ行います。以下のようなバリエーションがあるので工夫してください。

図4-13　パートナーの手をまねる

バリエーション

・片手　・両手　・手の幅を広げる　・左右の位置を上下する
・数字を切りかえるテンポを速くする

（2）ボールキャッチトレーニング

2個のテニスボール（硬式、ソフトテニスどちらでも）を上に投げ、それをキャッチします。視線は前を見ておき、ボールを周辺視で捉えます（図4-14）。ボールの位置や動きがかすかにわかります。ジャグリングボール（中に砂の入ったお手玉：図4-15）なら落としても転がることがなく、効率よくトレーニングできます。

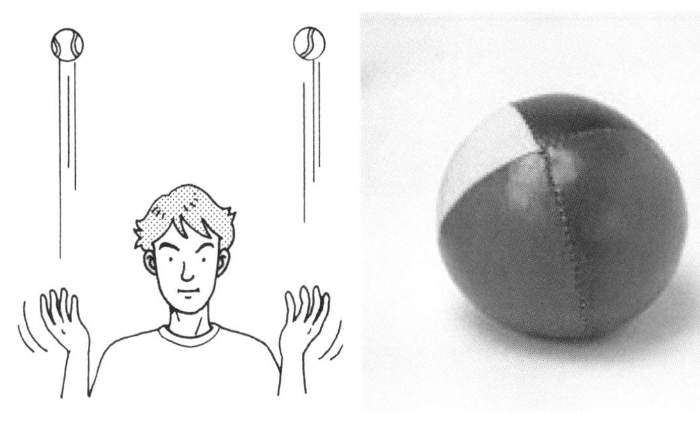

図4-14　前を見たまま上げる　　図4-15　ジャグリングボール

バリエーション

・片手だけ使う
・両手を使う
・歩きながら上げる　など

5）瞬間視のトレーニング

（1）BOOKトレーニング

瞬間的にパッと見て判断する瞬間視もトレーニングすることができます。いつでも、どこでもできるトレーニングとして手軽なのは本や雑誌、新聞を一瞬開いてそれを想起するトレーニングです（図4-16）。開く時間は1秒程度です。できるだけたくさん見るようにします。記憶力の良し悪しとは関係ありません。

図4-16　雑誌を使った瞬間視のトレーニング

正確に憶えるのではなく、こんなものがあった（ようだ）という感覚的なものです。これを5回連続で繰り返します。集中が必要なので回数を増やすより、少ない回数で集中して見るようにします。街を歩いていて、パッと振り返り、1秒で戻ります。その間、何が見えたかを想起するのも簡単にできる瞬間視のトレーニングです。

(2) 数字トレーニング

雨で室内練習になったとき、チームで一斉に瞬間視のトレーニングができます。6桁の数字を書いたボール紙を何枚も用意して、ボール紙を一瞬、裏返して数字を読みとらせるというものです（図4-17）。いろいろな使い方ができます。

バリエーションは工夫次第です。チームで行えば速い選手、いつも間違える選手、反応が遅い選手などよくわかり、盛り上ります。集中して見るようになり、チーム内でできる、できないがはっきりするので、見ることを意識するようになります。

図4-17　ボール紙に数字を書いた数字トレーニング

バリエーション

- 左から、あるいは右から見て数字を書かせる、あるいは答えさせる。
- 右はし、左はしの数字を瞬間的に足し算。右から2つめ、左から2つめを足し算。右はしから左はしを引き算など。
- 6桁の中に2があったら手を叩く、なければ叩かない。
- 6桁の中に3と5が2つともあったら2回手を叩く、1つなら1回、2つともなければ叩かない。
- 右はしが偶数なら、その場でジャンプ、奇数なら床タッチ。両はしを足して偶数ならジャンプ、奇数で床タッチ。

第5章

シャッターゴーグルを使ったトレーニング

①——初動が速くなる

スポーツビジョンのトレーニング用に開発されたのがシャッターゴーグル（商品名：プライマリー）です（図5-1)。シャッターゴーグルは液晶のON・OFFで視界を断続的に遮断するものです。たとえば周波数を10Hzに設定すると視界が1秒間に10回遮断されます。これは自分で10回まばたきをしたのと同じです。すると飛来するボールは断続的にしか見えません。投手の投げたボールならリリース、中間、手元の3回ぐらいしか見えません。

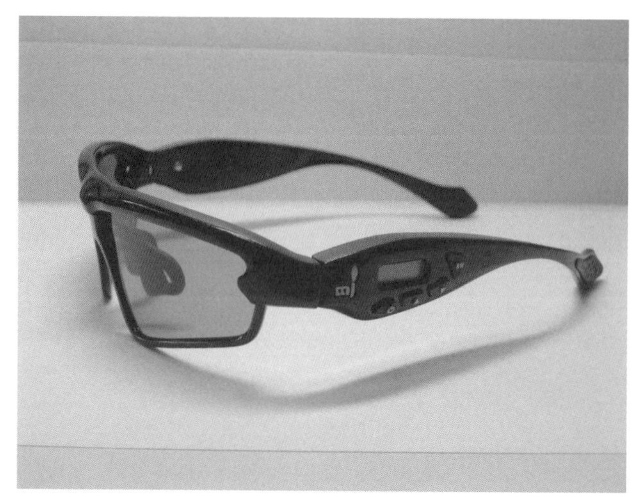

図5-1　シャッターゴーグル（商品名：プライマリー）

つまり、わざと見えづらくして視覚に負荷をかけた状態をつくり、あえて一瞬しか見えないようにするものです。だからこそ一瞬見えた情報をもとに反応せざるを得ないのです。これをかけてトレーニングすると判断が速くなり、その結果、初動が速くなります。判断を速くせざるを得ないからです。

図5-2は、ゴーグルをかけたときの見え方を模式的に説明したものです。いつも飛来するボールをAに来たとき判断している場合、シャッターゴーグルをかけるとAで見えるとは限らず、Bで見えた場合には遅れてしまい反応できません。するともっと遠くのCの時点で見極めようとします。これを繰り返すことで瞬間的な判断が速くなり、結果的に初動が速くなります。わずかでも速く判断して動作できるということは、ボールゲームではとても有利です。

視覚に負荷をかけるので視覚負荷トレーニングと呼びます。シャッターゴーグルの効果についてバレーボールのサーブレシーブ、野球のバッティング、サッカーのリフティング、卓球ラリーなどで実験しました。その結果、いずれもパフォーマンスがアップしました。

（視覚負荷トレーニングの効果、トレーニング科学第19巻1号、平成19年）

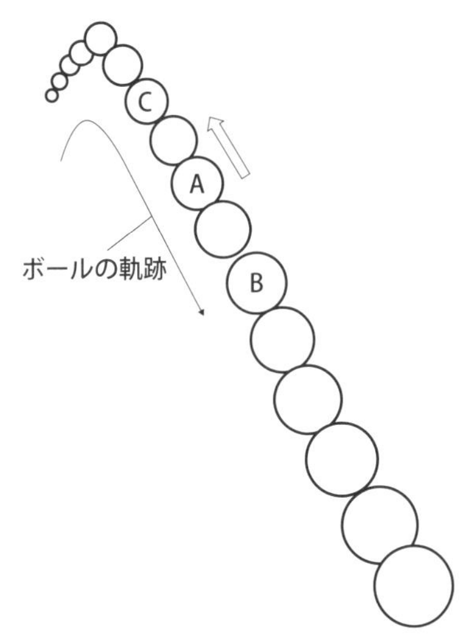

図5-2　ゴーグルをかけたときの見え方

使い方によっていろいろなスポーツで使えると思います。周波数の設定はスポーツによって変えます。たとえば野球のバッティングでは10Hz程度、バレーボールのサーブレシーブでは5Hz、卓球では20Hz程度が効果的です。

②――ボールが止まって見える

周波数を最大200Hzまで上げることができ、周波数を高くすると、高速で動くものが一瞬止まったように見えます。暗室でストロボをたくと一瞬、止まったように見えることからこれをストロボ効果と呼んでいます。たとえばゴルフクラブとボールのインパクトの瞬間は肉眼では見えませんが、150Hz程度にするとスライスかフックだったかがわかります。自分がかければもちろん、コーチがかければショットのアドバイスができます。

野球のバッティングでは、かけないとボールは流れる線のようになりはっきり見えませんが、かけるとくっきり、あたかも一瞬ボールが止まったような感覚で見えます。このため軌道の予測がしやすくなります。ストロボ効果を活かしていろいろなシーンで使えると

思います。

　私は初心者を対象にゴルフのパッティングでシャッターゴーグルをかけて練習するほうが、かけないより早くうまくなるのではないかと思いトレーニング実験を行いました。その結果、予想通りかけたほうがパッティングが正確になりました。パターの軌道やインパクトの瞬間がわかるからです。シャッターゴーグルはパッティングの上達にも活かせると言えるでしょう。

③——ボールがゆっくり見える

　低い周波数でシャッターゴーグルをかけると断続的にしか見えないので、かけているときは非常に見えづらいものの、ゴーグルを外した後はボールが見やすく、ボールの速度がゆっくり、そして自分の反応を速く、自分のプレーが正確であると感じる現象が起きます。もちろん感覚なので感じ方に個人差がありますが、この傾向は誰でも一致しています。

　外した直後の感覚は明確です。この感覚は一過性ですが、かけている時間が長いほど長く残ります。個人差はありますが20分かけると、外して10分後にもこのような感覚は少し残ります。

　野球で重いマスコットバットを振った後は、ふつうのバットを軽く感じ、バスケットボールを使ってバレーボールのパスをした後、バレーボールを軽く感じるように筋感覚にはこのような感覚が一過性に起きます。シャッターゴーグルではボールの速度を遅く、見やすい感覚がしばらく続きます。高速道路を走った後、一般道に降りると普段より車のスピードを遅く感じますが、このような感覚がシャッターゴーグルでも起きるのです。

　ゴーグルを外した後の感覚をスポーツで活かすことができるかもしれません。野球でゴーグルをかけてバッティングしたり、投手の投球を見ておいて、外した直後に打席に入ればボールを見やすく、遅く感じるので、それによってヒットが生まれやすい可能性があります。ただし一過性なので感覚が残っている間であればですが。

【シャッターゴーグル問い合わせ先】
プライマリーショップ
〒604-8244
京都市中京区小川通蛸薬師上がる元本能寺町382　MBビル4FD2A
TEL　075-708-6911
http://primaryshop.jp

第6章

敏捷性をアップさせる

①――初動を速くする

準備運動が終わった後、ダッシュなどの敏捷性トレーニングは多くのチームが行います。しかし、ほとんど惰性で、これから始まる練習のために敏捷性に少し刺激を与えようとしているようにしか思えません。それは笛や手を叩くことでスタートを切らせるからです。

選手は音がしたら動けばいい、音がしたら方向変換すればいいと習慣化しています。スポーツで笛はプレーの開始と終了の合図で、音を聞いて反応するのは陸上競技か競泳ぐらいしかありません。

ほとんどのプレーは「見て→反応」です。ただ敏捷に反応するだけでなく、見た状況によって反応を変えなければなりません。これは音を聞いて反応するトレーニングとは異なります。

見て反応するトレーニングにすれば、選手は真剣に集中して見るようになり、これが一瞬の判断を速くし「初動を速くする」ことにつながります。とくにボールゲームにおいて0.01秒、初動が速くなることの意義は言うまでもありません。

ダッシュだけでなく、ジャンプや回転などを見て→反応に変えることで選手は真剣に集中して見るようになります。トレーニングの意義は集中して見ることにあるので、ダッシュも距離を長くとる必要はありません。距離を長くとると、ダッシュのための脚力のトレーニングになってしまうからです。

また、集中するので精神的に疲れます。回数を多くするとダラダラしてしまうので少ない回数で集中させるようにします。ダッシュだけでなく、いろいろなものに応用できるので事例を参考にメニューを工夫してください。

②――ダッシュトレーニング

1）指出しダッシュ

最も簡単なのはグー、パーの2択にし、グーで右、パーで左へダッシュします。動き出すまでのスピードを速くするのが目的なので、長い距離は必要ありません。反応が遅い選手、方向を間違う選手が必ずいます。そういう選手は間違うのが恥ずかしいので前の選手と同じ動作をして、自分で判断しません。このような場合は一番前にするなどして、自分で判断させるようにします。

バリエーション

- トレーナー役が、指で奇数、偶数を出し、奇数なら右へ、偶数で左へダッシュし、パートナーの手をタッチする（図6-1）。
- 先に片手で数字を出しておき、これに片手で追加して指出し。両方を足し算して奇数な

図6-1　数字を判断して左右へダッシュ

図6-2　両手の数を足して左右へダッシュ

図6-3　レッドカード、イエローカードでダッシュ

ら右へ、偶数なら左へダッシュする（図6-2）。
・両手で同時に出し、足し算で判断。
・レッド・イエローカード（図6-3）。赤・赤で右へダッシュ、黄・黄で左へダッシュ、赤・黄でその場でジャンプを行う。

③——ジャンプ

1）1対1ジャンプ

2人1組になります。片方がグーかパーを出し、グーなら右へ90度回転して（パーなら左へ90度回転）、すぐ向き直ります。これを10回連続行います。さらにグー・チョキ・パーの三択にして、チョキならジャンプかグラウンドにタッチします。

2）チームジャンプ

ダッシュトレーニングのように、トレーナーの指出しで全員が回転、ジャンプ、グラウンドタッチを行います。

④——回転ジャンプコール

2人1組になり、回転するほうはパートナーに背を向けて立ちます。パートナーは片手で0〜5を出しておきます。ジャンプして360度回転します。回転しながらパートナーの指の数を見て、着地と同時にコールします。さらにその数が奇数だったら、さらに連続して右回転、偶数で左回転します。パートナーは手の位置を変えたり、両手を出して足し算する（図6-4）などでより難易度を上げます。

トレーナーが出す数字（図6-5はレッド・イエローカード）で右回転、左回転、ジャンプ、グラウンドタッチなどを行います。

図6-4　回転ジャンプコール

図6-5　チームで回転ジャンプ

⑤——イレギュラーボールトレーニング

6つのコブがついたイレギュラーボールを使用します。ボールの大きさや色は様々なものがあります。イレギュラーバウンドするので「見て→反応する」練習に使えます。個人、パートナーと、集団で使うなど使用方法は無数にあります。

図6-6　イレギュラーボール

バリエーション

・片手で捕る。
・ボールに数字や文字を書いてキャッチと同時に読む。
・ダッシュしながらキャッチ（図6-7）。
・壁に当ててキャッチ（図6-8）。

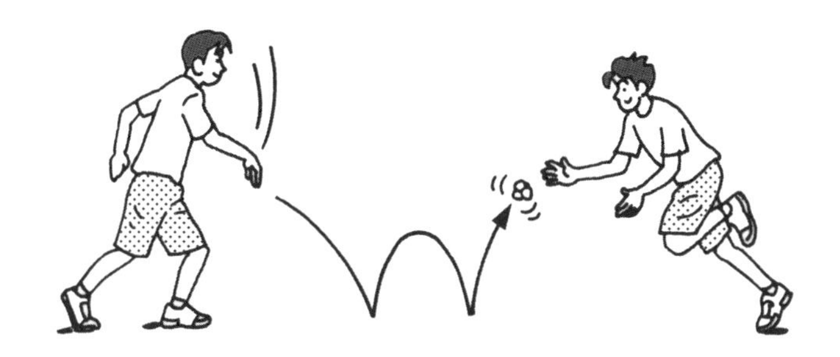

図6-7　ダッシュしながらキャッチ

図6-8　壁に当ててキャッチ

⑥——はね返るボールを捕る

ボールを捕る人は壁に向かって構えます。その後ろからパートナーが壁に向かってボール（テニスボールなど）を当てます（図6-9）。そのボールに反応しますが、キャッチの方法は次頁（バリエーション）のようにいろいろあります。

図6-9　はね返るボールを捕る

バリエーション

・片手でキャッチする。
・ボールを手で払う。
・ボールを足で払う。
・グローブでキャッチする。

第7章

種目別トレーニング

種目別トレーニングは、それぞれの種目の見る特性と技術をリンクしてパフォーマンスをアップさせるものです。特別難しいことではなく、日頃の練習を工夫したもので、これならできるというものばかりです。ここではボールゲームの代表的な種目である野球、卓球、サッカー、バレーボールを紹介します。他の種目でも応用が可能ですので、工夫して行ってみてください。

1. 目的は瞬時の判断とボールから眼を切らない

野球には、「ボールをよく見ろ」、「ボールから眼を切るな」、「選球眼」、「バッティングアイ」など見ることに関する言葉が多くあります。それだけ見ることが重要だからです。ボール球を打たないで、打てる球を見極める選球眼を持つことが技術以前に必要であることを第1章で述べました。同じく第1章で「ボールをよく見ろ」の「よく」には2つの意味があることも述べました。

1つめはリリースされたボールの球種やコースを速く判断すること、2つめはボールをできるだけ近くまで引きつける（眼を切らない）ことです。したがって野球ではこの2つをトレーニングすることが目的になり、日頃の練習を工夫することで可能です。以下はメニュー例です。人数、練習環境、レベルなど様々なので、これならできるというものを選択、あるいはアレンジして行ってください。

トレーニングを実践しているある社会人野球チームでは、2013年の公式戦での四球が、2012年の1.5倍に増え、出塁率も0.319から0.339に向上しています。ボール球を打たない、打てる球を見極める選球眼が明らかによくなっています。

2. キャッチボール

大きく数字（1つ）を書いたボールでキャッチボールします（図7-1）。見分けるのが困難な6と9は除くか、どちらか片方（例：6）に決めておきます。グローブに入るまでに数字を見るように集中します。回転しているため見えるのは一瞬で、この瞬間を捉える練習です。キャッチボールは練習のための準備運動と思われていますが、野球の基本です。キャッチボールを工夫することで一瞬で見極める練習になります（図7-2）。

図7-1　数字を書いたボールを使う　　図7-2　グローブに入るまで見る

【バリエーション】

・慣れないうちは距離を近く、ゆっくり投げる。
・距離を遠くする。スピードを上げる。
・ワンバウンドさせる。バウンドした瞬間はボールが止まるので数字が見える。
・黒字、赤字で数字を書いたボールをたくさん用意し、数字の色で判断する。
・コーチが連続してボールを投げ、黒ならコーチに返球、赤なら足元のカゴに落とす。
・コーチが軽くノックし、黒なら返球、赤ならカゴに落とす。

3. 3人キャッチボール

3人がそれぞれ約10mの間隔を開けます。ボールを投げた直後に相手に向かってグーかパーを出します。グーは正面の人に返球し、パーは逆の人に返球します。一瞬の判断で投げる方向を変える練習です。最初はゆっくりとしたキャッチボールから始めるとよいでしょう。

図7-3　3人キャッチボール

【バリエーション】

・4人で同じ方向で行う。4つの塁間で行い、捕手が1塁へ投げることからスタートさせる。

4. ふり向きノック

ノッカー（ノックを打つ人）に背を向けて立ちます。そしてバットに当たる音を聞いた瞬間にふり向いて捕球します。内野手ならゴロを、外野手ならフライを捕る練習が適しています。

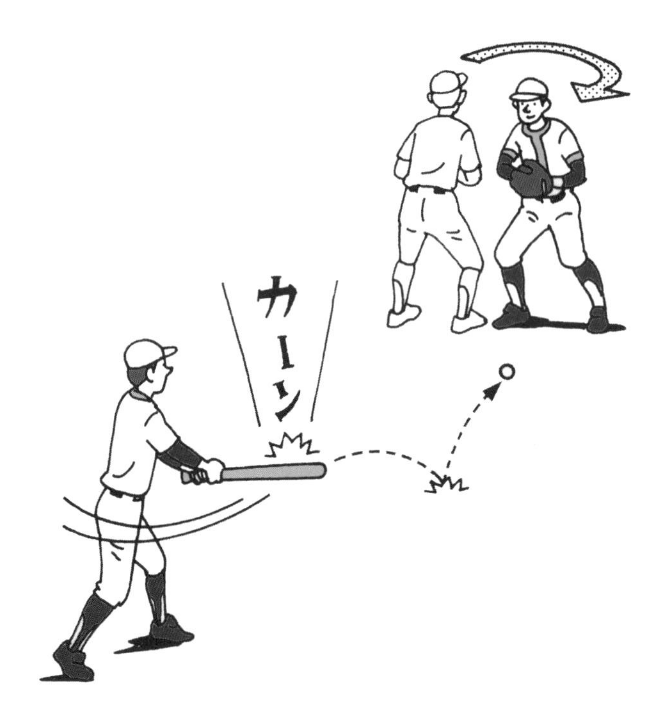

図7-4　ふり向きノック

5. シートノック

サードにシートノックをします。サード横に1人立ち、ノックと同時にグーかパーを出します。サードは捕球後にその人の手を見て、グーなら1塁へ、パーなら捕手に返球します。必ずサードランナーを見るという設定です。

6. ティーバッティング

1）数字をコールする

打つ瞬間、あるいは打った後でボールの数字をコールさせる練習です（図7-5）。ボールを打つ瞬間まで集中して見る練習になります。

図7-5　テーバッティングで数字をコール

【バリエーション】

- 慣れないうちは、ゆっくりしたボールを投げる。コールが遅くてもよい。
- 奇数、偶数を判断して偶数なら打ち、奇数なら打たない。あるいは奇数なら少しタイミングを遅くするなど。
- 慣れてきたら連続してトスする。
- ゴルフボールに小さく数字を書き、ノックバットでバッティングする（図7-6，図7-7）。見極めがより難しくなり、細いバットで正確なコントロールが必要になる。
- 距離を長くしてペッパー練習（ティーバッティングの距離を長くした練習）で行う。

図7-6　ゴルフボールに数字を書く

図7-7　読みとるのは難しい

2）色で打ち分ける

ボールに直径5cm程度の赤、青、黄の●を書き、赤ならバッティングしない、青なら打つ、黄色なら流し打ちなどに打ち分けます。ボールの色がトスする前にわからないようにします。

3）数字で打ち分ける

ソフトテニスのボールに1、2、3の数字を書き、それをノックバットで打ちます。1は右方向、2はセンター、3は左へ打ち分けます。正確にボールの中心に当てなければソフトテニスボールは飛ばないので、しっかりとミートするよう心がけます。

7．マシーンボールを読みとる

1）読みとるだけ

マシーンから出るボールの数字を読みとります（図7-8）。通常のバッティングのように眼だけで追うようにします。バットは振りません。慣れないうちは通常のボール速度よりスピードを遅くします。スピードにもよりますが時速100km程度であれば10球のうち2〜3球は読みとることができます。5割程度読みとることができる選手もいます。必ずしもマシーンでなくても構いません。

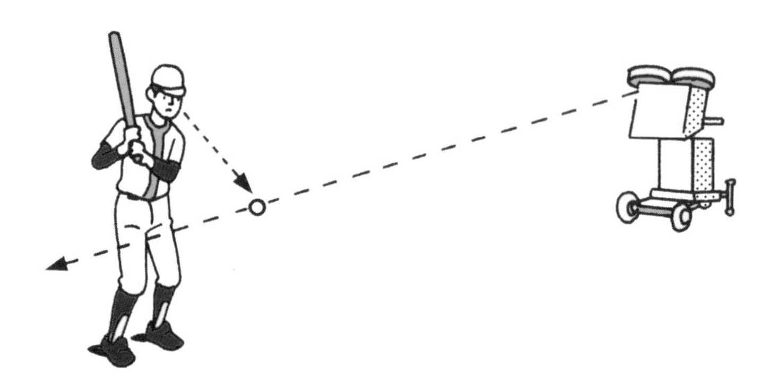

図7-8　マシーンから出るボールの数字を読みとる

2）バント

バントします（図7-9）。バントの後、ボールの数字をコールします。バントはボールと眼が近いので読みとりやすく感じます。

図7-9　　バントで読みとる

3）バッティング

インパクトの瞬間やインパクト後、ボールの数字をコールします（図7-10）。通常のボール速度より遅くします。インパクトまでボールを追跡する練習になります。

図7-10 バッティングで数字コール

8. 高速ボールを眼で追う

通常のボール速度の5～10％速いスピードを設定し、ボールを眼だけで追跡します（図7-11）。バッティングはしません。速いボールから眼を切らない練習です。マシーンを近くにして通常の速度のボールにしても構いません。

図7-11 高速ボールを眼で追う

【バリエーション】

・逆打席（右利きの人は左打席）に入り、同じようにボールを眼で追う。逆打席で見てから通常の打席に立つとボールを見やすく感じる。

9. シャッターゴーグル練習

1）周波数を低くする

シャッターゴーグルを使います（図7-12）。周波数は10Hz程度が最も効果が高くなります。Duty（明るさ）は、環境によって調整しますが50〜60に設定。ボールは断続的にしか見えません。時速100〜120Kmのボールならベースまで3回ぐらいしかボールが見えない状況の中でボールを捉える練習です。

あらゆる練習に活用できます（バリエーション参照）。シャッターゴーグル練習を繰り返すことでリリース時点での速い判断と、ボールから眼を切らないようになります。

図7-12　シャッターゴーグルを使う

【バリエーション】

- ・キャッチボール
- ・バント
- ・バッティング
- ・ティーバッティング
- ・高速ボールの追跡
- ・守備　など

2）周波数を高くする

150Hz程度にするとボールの回転が見え、感覚的には止まっているように感じます。このため、通常の流れる線のように見える軌道をはっきり捉えることができ、打ち損じが少なくなります。感覚には個人差があるので一律に150Hzにするのではなく、個人が最も感覚しやすい周波数に調整します。

10. インサイドアウトのスイングにする

ボールに1cm程度の黒い●を書き、●の位置をまん中より打者側に置きます。打者は●を打つ意識でバッティングします（図7-13）。すると、●を見て打つだけでインサイドアウトのスイングになります。

図7-13　●を見て打つ

私は高校生を対象に通常のボールと●を書いたボールを打つときのスイング映像を分析しました。　（野球の打撃動作の改善　-ボールへの視点から-、愛知工業大学研究報告、第45号B　平成22年）

その結果、●を見て打つと肘が折りたたまれたインサイドアウトのスイングになることがわかりました。ただ漫然とボールを見て打つだけでなく●を見て打つことで、ボールの内側を打とうとするために無意識のうちに腕が折りたたまれるからです。

的を絞ってボールの内側、外側を意識させることによって打ち分けができるようになります。右打者なら、ボールの外側を見て打てばポイントが前になるのでレフト側へ、内側を見ると肘が折りたたまれるのでセンターからライト側に飛ぶようになります。

【バリエーション】

- ●を書いたボールを内側、外側に置き、●を見てスイングする。
- 通常のボールを置き、ボールの内側、外側を見てスイングする。
- ティーバッティングのとき、コーチが「内」「外」…と声をかけ、見るところを指示する。慣れないうちはトスのインターバルを空ける。
- 慣れてきたら連続してトスを出し、同時にコーチは「内」、「内」、「外」…と指示を出す。

11. 室内でできるトレーニング

1）ソフトテニスボールの壁投げ

雨の日、オフシーズン、自宅でできるトレーニングです。ソフトテニスボールに大きく数字を書き、キャッチするまでに数字を読みとります（図7-14）。ソフトテニスなら壁を傷めず、キャッチミスしてもケガをしないという利点があります。

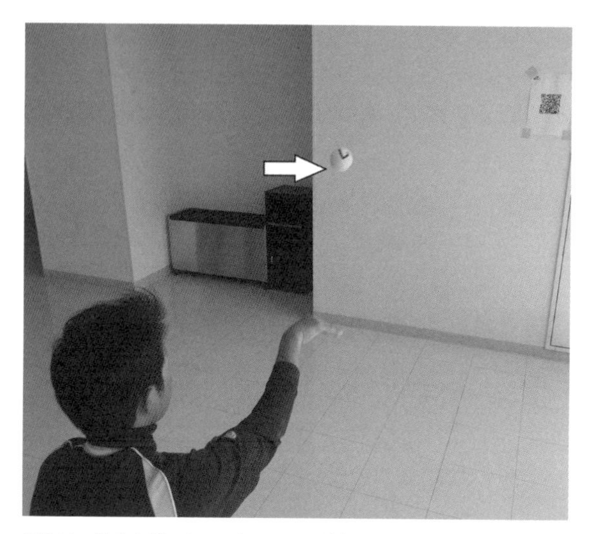

図7-14　数字を書いたソフトテニスで壁投げ

【バリエーション】

・パートナーが壁に投げ、奇数なら右手で、偶数なら左手でキャッチ、わからなければ両手でキャッチ。

2）イレギュラーネットスロー

イレギュラーネットは2枚のネットの組み合わせで不規則に跳ね返るネットです。ジャグリングボールならキャッチミスしてもケガをすることなく、また転がらないので効率的にトレーニングできます（図7-15）。

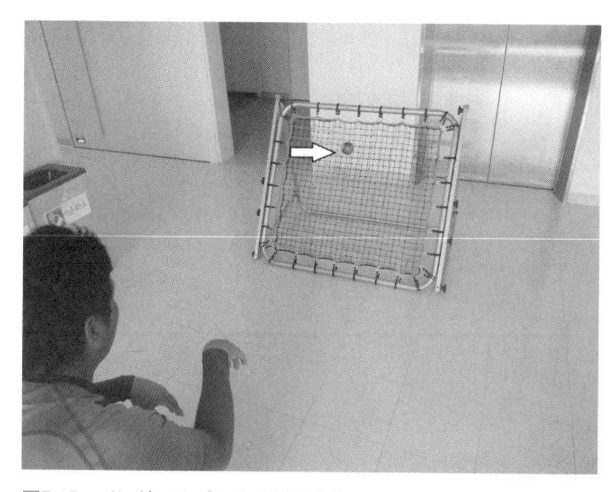

図7-15　イレギュラーネットを活用する

【バリエーション】

・縦一列にならび前の人がネットに投げ、それを次の人がキャッチし、それをネットに投げる…を繰り返すと楽しく捕球練習ができる。

12. バットでコンコン

バットでボールをつく練習です。慣れないうちはバットを短く持ちます（図7-16）。正確にバットが当たらないと真上に上がりません。ボールをよく見るトレーニングになります。連続回数を決めるなどすれば、全員で楽しくトレーニングできます。

図7-16　ボールをよく見る練習になるバットでコンコン

【バリエーション】

・2人で交互につく。距離、方向など微妙なコントロールが必要（図7-17）。
・3人で三角パスなど。

図7-17　二人でコンコン

13. 投手のための練習法

1）ミットにテープをはる

キャッチャーミットに白色や黄色のテープをはり、ミットを目立たせます。紺色のミットに黄色が最もコントロールしやすいという実験結果もあります。

2）ボールの一部を黒く色分けする

ボールの一部を黒くすることで、投げたときにボールの回転はとてもわかりやすくなります。回転が少ないと黒っぽく見え、回転が多いと白っぽくみえます。

3）牽制の練習

一塁コーチが立つ場所に1人立ちます。投手は視野のすみでその人を見ます。左手を出したら、1塁へ牽制球を投げます。右手を出したら、2塁へ牽制動作をします。

ミットを見て投げろ

野球の指導に「ミットを見て投げろ」という定番の言葉があります。ミットを見て投げるメリットは何でしょうか。ミットの大きさに関係すると考え、ミットの代わりに10㎝、30㎝、60㎝の大きさの黒い的と、的なしの条件をつくって4名の大学生の野球投手に投げてもらいました。（標的サイズと投球コントロールの正確性、愛知工業大学研究報告、第38号B、平成15年）

4名とも共通して30cmの的への投球が最もコントロールがよかったのです。30cmはほぼミットの大きさに相当します。もっと的を小さくした10cmはコントロールがつきません。10㎝の的は18.44mのマウンドからは小さすぎて、いわゆる針の穴を通すようなものとなり、かえってコントロールがつかないのです。キャッチャーのプロテクターの大きさである60㎝では、大きすぎて的が絞れないのでコントロールがつきません。つまり、小さくても、大きすぎてもコントロールがつかず、経験的に言われる「キャッチャーミットを見て投げろ」という指導は正しいことがこの実験でわかりました。

ソフトボールの実験では、レベルの高い投手の視線は終始キャッチャーミットにありますが、レベルが低い投手は投球中に上下左右にふらつくことがわかっています。このことから、投球中に視線がミット以外の打者やバットに移ることは投球のコントロールがつかない原因となります。

眼と身体はつながっています。終始、ミットを見ることで視線が安定し、それで身体が安定します。視線がフラフラすることで身体も不安定になります。眼（視線）を安定させるには下半身を強化することです。頭の重さは5kgぐらいあり、ボウリング球とほぼ同じです。こんな重い頭を安定させるには下半身を強化するしかありません。

それには土の上での走り込みが効果的です。なぜ走るのか。それは下半身の強化のためです。土は生きものです。軟弱なときもあればカチカチの日もあり、掘れているマウンドもあります。投手にはどんな土の条件でも頭（つまり視線）が安定する下半身であることが求められます。

球速は錯覚

プロ野球で40歳を過ぎても活躍する投手は速い球、遅い球の使い分けがうまい。若い頃のように豪速球を投げられなくなったとき、いかに打者の眼をくらますか。それが緩急の付け方です。

たとえば、時速130kmのボールであっても、打者は絶対的に同じ130kmと感じているわけではなく、その前の球速との比較で速い、遅いと感じています。

高校野球の選手を対象に実験してみました。

(野球打者におけるボール速度の感覚、愛知工業大学研究報告、第38号B 平成15年)

まず、マシーンで出される130kmのボールを見て（打たず)、次に15秒後に140kmのボールを見た直後、その速さの感覚を、速い：＋1〜＋5の5段階、同じ：±0、遅い：－1〜－5の5段階のいずれかに○をつけます。次に120kmのボールを見た後、140kmを見て同じように○をつけます。

この場合、同じ140kmという速度ですが、その前に見たボール速度で速さの感覚が変わるかというものです。ストレートの110〜140kmの感覚の関係性を、多数の選手と膨大な組み合わせから導き出そうというものです。

結論は常に前のボールの球速によって感覚が変わるというものでした。たとえば先の例では、同じ140kmであっても、120kmの後（球速差＋20km）の140kmのほうが130km（球速差＋10km）の後の140kmに比べて、より速いと感じています。

逆に140kmの後の110km（－30km）は、120kmの後の110km（－10km）に比べて、同じ110kmなのにすごく遅いと感じています。まったく同じ速度なのに違って感じているのです。球速は錯覚なのです。

この実験では15秒間隔でしたが、この速度感覚がどのくらいの時間残るかわかりません。少なくとも15秒間は前のボールの感覚が残っているので、テンポよく投げる投手には効果的と言えるでしょう。大リーグでは投球間隔の短い投手が活躍する傾向がありますが、意外とこんなところに秘密があるのかもしれません。

豪速球を投げられなくなった投手が、自分の遅い球をいかに速く見せ、速い球をより速く見せ、打者に錯覚させるか。緩急を自在に使い分けられることが選手生命を永くする秘訣です。

②卓球

1. 高速ラリーと回転の競技

卓球は、野球と同様にボールをヒットするスポーツですが、野球とは決定的に違うところが2つあります。1つは打ったらすぐにボールが返ってくることです。ラリーの世界記録は1分間に180回であり、1人が1分間に90回連続して打つくらいの速さです。打てばすぐボールが返ってきます。

2つめが回転の競技であるということです。野球ボールはプロ野球選手で1秒間に35～40回転ぐらいであるのに対し、卓球の回転はトップ選手だと150回転にもなります。さらに卓球では横回転（左右）、下回転、前進回転など複雑な回転をかけあい、お互いに回転を見抜いて、逆にそれに対応した回転をかけて返球します。

練習ラリーでは、インパクトまでボールを見なくても打てるので、ネットを越え、バウンドするあたりで眼はボールから離れます。しかし、試合になるとお互いに複雑な回転をかけあい、高速回転するボールはバウンドしてから方向が急に変わるのでインパクトするまでボールを見なければなりません。

ボールを見ながら状況に応じてスイングを調整しています。ブンと振っているように見えるスイングですが、トップレベルではあの短い間にタイミングが合うようにスイングをコントロールしているのです。

インパクトしてから相手コートを見ていたら間に合いません。そこで卓球では、ボールを見ながら（ボールに視線を置き）、同時に視野の中に相手を捉え、相手の動きをもとに返球コースを変えています。相手の動きの逆をつく、相手が苦手なところへ打つなどの動きの情報は視野からとっています。

しかし、このように情報をとっていることは無意識なので、大学生レベルの選手でも、そう言われるとそうかもしれないという程度でその意識はありません。

2. 相手を視野に捉えること

ボールを見ながら相手を視野の中に捉えることができれば有利です。このような能力は競技レベルに関係しているはずです。そこで小・中学生と大学生の卓球部員に対し、第2章で紹介したビビットで動体視力、眼球運動、周辺視、瞬間視を測定し、レベル別に比較しました。

（小中学生卓球選手の競技レベルとスポーツビジョンの関係、愛知工業大学研究報告第40号B、平成17年）

その結果、レベルの高い選手たちは周辺視野が広いということが明らかになりました。ボールを見ながらまわりが見えているのです。それはすでに小・中学生の段階で差があり、さらに大学生でも視野の広さはレベルによって差があったのです。つまり、ボールを見ながら相手を視野の中に捉えているか、捉えていないかがレベルを分けているのです。そして、それは小・中学生の頃にすでに決まってしまい、その差のまま大学生になることを示すものです。

普段、このようなことはまったく意識せずにプレーしています。ここに違いがあることは測定しない限りわかりません。大学生レベルになって視野に相手を捉えながら打てと言われても、できない選手には限界があるでしょう。

いいかえれば初心者の段階でボールを見ながら相手も視野の中に入れることを教える必要があります。しかし、口で説明しても理解できないので練習メニューを工夫してできるようにする必要があります。

3. 動きを捉える多球練習

多球練習（図7-18）の際、相手選手は1球ごとにテーブルをサイドステップで左右に動きます。ボールを逆サイド（あるいは動いたほう）に返球します。慣れないうちは、わかりやすいように左右への動き出しは早く、大きな動作にしますが慣れてくるに従い、打つ寸前で動くようにし、より難しくします。

図7-18　相手の動きを視野に捉えて、逆に打つ

【バリエーション】

- ラケットを左右に振り、ラケットサイド（あるいは逆サイド）に返球する。慣れないうちは左右に大きくラケットを出す（図7-19）。
- 手を小さく左右に振り、より難しくする。
- 左右にラケットを持ち、腰の後ろに隠し、左右のラケットをチラッと見せ、より難易度を上げる。

図7-19　ラケットで方向を指示する

4. 色分け返球

多球練習の際、白とオレンジボールを混ぜ、コーチは次から次に球出しをします。白とオレンジで打ち分ける方向を変える練習です。

5. シャッターゴーグル練習

シャッターゴーグルをかけ、ラリーや練習試合を行います。周波数が低いほど難しく、20Hz程度で最もトレーニング効果が上がります。ボールをインパクトまで眼で追うために有効なツールです。

ドイツのブンデスリーガーのプロ卓球選手たちもシャッターゴーグルでトレーニングしています。シャッターゴーグルを使用すると、その後に一過性にボールがゆっくり見えたり、見やすくなるのでプレーのコンディションを上げるために使用していると考えられます。

テニスやバドミントンも視野の中に相手選手を捉えるスポーツなので、卓球のようなトレーニングが有効です。

図7-20　シャッターゴーグルはドイツプロリーグでも使用

③サッカー

1. 視野の確保

サッカーには「視野の確保」という言葉があるように、相手を視野の中に捉えておくこと、逆に相手の視野から外れることが重要です。フリーでプレーできる場面は少なく、ボールをキープすればすぐに相手選手がプレッシャーをかけてきます。ボールを見ながら、あるいはボールも視野に入れながら相手選手を捉える広い視野が必要になります。

以前、日本サッカー協会の強化に関わる人から、トップレベルになってもまわりを見てプレーできない選手がいるという話を聞いたことがあります。海外ではまわりを見ることは当たり前のこととして小さい頃から教えられるが、日本では「まわりを見ろ」と言葉では言うものの、実際にそれを強化する練習メニューはないという内容でした。

小学生、中学生で選抜される選手は、体格や体力に優れています。とくに体力ではスピードのある選手が選抜される傾向にあります。他の選手より秀でた部分、たとえばドリブルが抜群にうまいとそれだけでトップレベルまで上がることができるそうです。しかし、まわりを見ることを教えられないままトップレベルになっているので、その時点で視野の確保とか、まわりを見ることができず、国際レベルでは通用しないということでした。

実際にリフティングをさせてみるとよくわかります。連続30分も、1000回もリフティングできる選手に対し、その前にパートナーが立って指で数字を出し、数字をコールさせるとまったく続かない選手がいます。いつもボールだけ見てリフティングしているので、ボールも見ながら相手も視野の中に入れることができないからです。

パス、ドリブル、ヘディングなどの技術を活かせるのは、まわりが見えていればこそなのです。ここでは、基礎練習においてまわりを見ることを取り入れた練習メニュー例を紹介します。様々なバリエーションが可能ですので、工夫して行ってください。

2. リフティング

1）数字コール

パートナーは片手で0～5までの数字を任意のタイミングで連続して出します。リフティングする人はそれをコールします。両手の場合は、2つコールします（図7-21)。数字をわかりにくい位置（上下や、身体の前など）に出すとより難しくなります。パートナーはリフティングする人の前に移動し、見やすいようにします。

図7-21　数字コール

2）指示リフティング

パートナーの指示する場所（足首、腿、頭、肩など）でリフティングをするように切り替えるものです（図7-22）。相手全体を視野の中に入れておかないとできません。右、左など、左右まで指定するとより難易度が上がります。

図7-22　指示リフティング

3）テニスボール、イレギュラーボールリフティング

テニスボールやイレギュラーボール（p.66図6-6参照）などでリフティングします。正確に足が出ないと続かないのでより難しくなります。慣れてきたら、これらを使いながら、数字コールや指示リフティングを行います。

図7-23　テニスボールリフティング　　図7-24　イレギュラーボールリフティング

4）色分けリフティング

赤と青のテープを巻いたソフトテニスボールを30個程度用意します。あらかじめ赤なら右足、青で左足を使うように決めておきます。コーチが任意の方向にボールを出すので、色を見て使う足を変えるものです。右に出たボールも、右足ではなく、左を使わなければならないこともあり、瞬時に足を変える練習になります。

図7-25　テープの色で足を変える

3. パス

1）数字コールパス

2人1組でパスを受ける人が片手で0〜5の指を出します（図7-26）。パスをする人はパスの前に、その数字をコールしてからパスします。パスした選手は、すぐに数字を出す（パスを受ける側になる）ことでパスを連続させます。両手で出す、小さく出す、距離を短くするなどで難易度を上げることができます。

図7-26　パスする前に数字をコールする

2）蹴り分けパス

2人1組で片方がパスした瞬間に手でグーかパーを出します。グーならインステップキックで、パーならインサイドキックで返球します。返球したら、すぐにグーかパーを出し、これを繰り返します。パスの距離を短くすると素早い蹴り分けが必要になり、難易度が上がります。

3）ダブルボールパス

2人で2個のボールを使用した連続パスです（図7-27）。お互いのパスが当たらないようにします。このためにはお互いのパスを見ておいて、当たらないように蹴らなければなりません。距離を短くすると、瞬間的に判断しなければならないので難しくなります。

図7-27　ボールが当たらないように相手のパスを見ておく

4）左右コールパス

2人が交互にパスしますが、左右の2人は片手で任意の0～5の数字を同時に出すのでパスする前に、左右の数字をコールしてからパスします（図7-28）。パスする前に必ず左右を確認する練習です。慣れないうちは距離を長くとります。短くすると難易度が上がります。

図7-28　パスする前に左右の数字をコールする

4. ヘディング

1）数字コールヘディング

2人1組で片方がボールを出したら0～5の数を出し、その数字をコールしてからヘディングで返し、これを連続します（図7-29）。左右の手で数字を出す、数字の位置を変える、テンポを早くすることでより難しくすることができます。

図7-29　ヘディングの前に数字をコールする

2）ヘディングかトラップか瞬時に判断する①

4人1組になります。左右の2人は同時にグーかパーを任意に出します。左右を見て同じ（グーとグー、パーとパー）ならダイレクトにヘディングで正面に返し、左右が違っていたら胸でトラップしてからパスで返します（図7-30）。左右を見て、プレーを変える練習です。見つけにくい位置にグーパーを出す、テンポを早くすることで難易度が上がります。

図7-30　ヘディングかトラップか瞬時に判断する①

3）ヘディングかトラップか瞬時に判断する②

3人1組になります。前からボールが投げられた瞬間に後ろを振り返り、グーならヘディングで正面に返し、パーならワントラップして返します（図7-31）。

図7-31　ヘディングかトラップか瞬時に判断する②

5. ドリブル

1）縦列ドリブル

縦一列になり、その間をドリブルします。このとき立っている選手は任意にグーかパーを出します。グーであればドリブラーはボールを一旦止めてから、再びドリブル。パーであれば止めずにドリブルします。ドリブルのときに必ず相手を見る練習です。手の位置はどこでもOK。見つけにくいところ、小さく出すなどで難易度を上げます。ボールを止めるだけでなく、フェイントをかけるなど反応はいろいろ考えられます。

図7-32　手を見て一瞬止めるか、ドリブルか判断する

2）全員ドリブル

横一列になり、各人にボール1個ずつ用意します。横になってドリブルしますが、コーチが手で○を出している間はそのまま前進（図7-33）。×を出した瞬間にターンします（図7-34）。ドリブルしながらコーチの手を見ていなければなりません。見ていない選手がすぐにわかります。

図7-33　○の間はドリブルで前進

図7-34　×が出たらターン

3）3人ドリブル

1人だけドリブルします。2人はドリブルと平行して一緒に走りながら、片手で0～5の数字を出しておきます。その数字をドリブルしながらコールします。コールしたら次の数字を出しながら走ります。

【バリエーション】

・2人はグーかパーを出し、同じだったらそのままドリブルを続け、グーとパーに分かれていたら、ターンを行う。

6. キーパーのトレーニング

ゴールの守り手であるキーパーには、瞬時の判断と俊敏な動きが求められます。「見る→判断→正確な反応」のトレーニングを繰り返します。

1）ふり返り一歩ダッシュ

キーパーは、パートナーに背を向けて立ちます。パートナーは片手で奇数（1、3、5）、偶数（0、2、4）を準備しておき、「GO ！」の声をかけます。キーパーは瞬時にふり返り、奇数なら右へ、偶数なら左へ一歩ダッシュします。目的は瞬時の判断なのでダッシュ距離は、せいぜい1～1.5m程度にします。慣れないうちは手の位置を正面に置きますが、いろいろなところに数字を出すことでより難しくします。

2）PKふり返りセーブ

PKの位置にボールを置き、キーパーはシューターに背を向けて立ちます。シューターはキックする前に「GO!」の声を出してからキックします。キーパーはその声でふり返りセーブを試みます。声を出すタイミングを次第に遅くし、キックと同時に近づけることでより難しくします。声を出すタイミングは周囲の人でも構いません。

3）シャッターゴーグル練習

シャッターゴーグル（p.60図5-1参照）の周波数を10Hz程度にし、ゴーグルをかけてPKをセーブする練習です。シューターの動作からボールの方向を予測するのが目的です。シューターの動作が断続的に見えるので、一瞬の動作を集中して見ることにつながります。その結果、それまでより早く判断ができるためセーブの成功率がアップします。慣れないうちは40～50Hz程度に周波数を高くします。慣れてきたら次第に周波数を低くします。10Hz程度なら、キックまでのシューターの動作がコマ落ちの映像のように見えます。

先を読めるのは小学5年生から

「先を読め、予測して動け」

子どもは先を読んだり、予測して動いたりすることができるでしょうか。当然いつかはできるわけですが、それはいつ頃でしょうか？

幼稚園や小学校低学年のサッカーではダンゴ状態でボールに群がってしまいます。「今」のプレーで精いっぱい。やがてスルスルとダンゴから抜け出て、先まわりする子どもが出てきます。おそらく「この先」を読んでいるからでしょう。

サッカークラブの小学4年、5年、6年生たち38名で調べてみました。

（小学生サッカー選手の先見的能力の発達　－視線解析をもとにして－、愛知工業大学研究報告、第42号B　平成19年）

大学生をモデルにして試合中に右サイドからセンタリングしてシュートするなど、先を読むであろうと思われる5つのシーンを撮影し、その映像を見るときの視線を解析しました。

たとえば、右サイドにボールが渡り、ゴール前にセンタリングでパスするシーンでは、小学4年生までは右サイドの選手とボールだけ見ていますが、5年生になると右サイドの選手とゴール前の選手に交互に視線を移す子どもが増えてきます。あたかも、どこの誰にセンタリングすればいいか事前に確認しているような視線の動きです。6年生ではこの割合がさらに増えてきます。

このことから小学5年生になれば、この先を予測して動くことができるだろうと考えます。もちろん、個人差があり5年生でも選手とボールだけ見ている子どももいます。少なくとも小学校低学年では「先を読め、予測して動け」と言ってもどういうことか理解できないかもしれません。

④バレーボール

1. チラッと見る

まわりを見てその状況に応じてプレーすることはサッカーと同様ですが、バレーボールでは大きく違うところがあります。それはボールをキープ（ホールド）できないということです。しかもパスでもスパイクでも、ボールから眼が離れると必ずミスします。

このためバレーボールでは、インプレー中はほとんどボールを追っています。レベルが上がれば、まわりを見る余裕がありますが、初心者のレベルではボールばかり見ています。

バレーボールはめまぐるしく攻防が変わります。チームゲームの中で攻防の展開が最も速いのがバレーボールです。速い攻防においては、パスする瞬間は時間的に「今」ですが、しかし同時に「この先」を予測しておかなければ間に合いません。それには常に見ることです。しかもチラッと。

たとえば、セッターがフォワードに上がるとき、チラッと相手コートを見てブロックの配置、レシーブの位置を頭に入れ攻撃を組み立てます。相手のフォーメーションに関係なく、やみくもにトスを上げても効果的な攻撃はできません。

バレーボールでまわりを見ることを教えられることはほとんどありません。バレーボールの練習法のテキストにも見ることの重要性の解説はなく、そのための練習法もありません。指導者が見るのは当たり前と思っていたり、見ることをことさら重要と思っていないからです。そもそも考えたことがないかもしれません。

キャリアを積めばまわりを見ることができるようになりますが、初心者の段階から次を予測することの重要性を教え、そのためにチラッとまわりを見ることを練習の中に取り入れるのがいいでしょう。特別、難しい練習ではなく、日頃の練習を工夫するだけで可能です。

2. パス

1）直上数字パス

パスしたら指で1～5の数を出します。パスを受ける人がそれを見て、その数だけ直上パスをしてから相手に返します。返したらその手で1～5を出し、それを繰り返します。指の数を見ることで、ボールから眼を離す練習になります。

図7-35　数字の数だけ直上パス

2）連続数字パス

通常のオーバーパス練習で、パスしたら0～5の数字を出します。その数字をコールしてからパスを返し、その手で0～5を出して繰り返します（図7-36）。距離を短くする、ジャンプパスにするなどで難易度を上げることができます。

図7-36　数をコールしてからパス

【バリエーション】

・距離を短くする。
・ジャンプパスにする。
・グー、チョキ、パーの3択にして、グーなら普通のパス、チョキなら速攻パス、パーなら山なりのパスで返球する（図7-37）。

図7-37　グー、チョキ、パーに応じてパス

3）方向指示パス

4人1組になります。図7-38の6番の選手（A）は正面の選手（B）が左右に手で指示を出すので、その方向の選手（C）にパスを出します。それを受けたCは再びパスをAに返します。そのとき、事前にAは正面の方向を見ておき、指示された方向にパスすることを繰り返します。つねに正面を見ておく練習です。正面のBは出すタイミングや動作を小さくすることでより難しくします。

図7-38　方向指示パス

4）方向変換パス

4人1組で4角パスを行い、パスした選手はグーかパーを出します（図7-39）。次の選手は、それがグーだったらそのまま元の選手に戻し、パーだったら90度方向変換して次の選手へパスします。パスしたら必ずグー、パーを出すことで4人の間をパスがまわっていきます。距離を短くしてジャンプパスで返せば難易度が上がります。

図7-39　グーかパーで方向を変える

5）ダブルボール円陣パス

7〜8人に2つのボールで円陣パスを行います（図7-40）。1人の選手に2個のボールが集まるとパスが続かないので、常にどこにパスすればいいか見ておきます。50回連続などで円陣ごとに競うと盛り上がります。すべてジャンプパスにすると、テンポが速くなり、より難しくなります（図7-41）。

図7-40　2つのボールを見ておくダブルボール円陣パス

図7-41　ジャンプパスにすると難易度が上がる

3. チャンスボール

フォワード（ネット前）に2名入ります。最初、フォワードは2名ともレシーバーに背を向けます。ボールインのタイミングで同時にクルッとレシーバーのほうへ向き直るか、向き直らないかの二択を任意に行います。2人が向き直った、あるいは2人とも向き直らなかったら相手コートに返球(図7-42)。どちらかが向き直ったら、向き直った選手にパス。慣れないうちは向き直るタイミングを早くしますが、慣れてきたらネットを越えるタイミングで行います。

図7-42　チャンスボールの返球練習

4. チャンスボール→二段トス

セッター役が1名。チャンスボールが入るとき、任意のところで左か右へ指示を出します。その方向へ二段トスを上げます（図7-43）。指示がない場合には相手コートへ返球します。指示のタイミングを遅くする、指示を小さくすることでより難しくなります。

図7-43　チャンスボールを二段トスか返球

5. おっかけレシーブ

チャンスボールが入ったらセッター（A）は任意の場所に移動します。レシーバー（B）はセッターの位置に正確にチャンスボールを返します（図7-44）。慣れないうちはセッターの移動のタイミングを早くします。慣れてきたらボールがネットを越える頃に移動するようにします。レシーバーはボールを見ながら周辺視でセッターの動きも見て、正確に返球する練習です。

図7-44　おっかけレシーブ

6. 選択サーブレシーブ

左右のポール近くに2名が立ち、サーブインのとき、任意に腕を上げます。2人とも上げていた、あるいは2人とも上げていなかったら相手コートへ返球（図7-45）。片方が上げていたらセッターに返球。左右を見て自分のプレーを選択するものです。手を上げるタイミングを遅らせるほど、動きを小さくするほど難しくなります。

図7-45　2名の手を見てセッターか相手コートに返球

7. シャッターゴーグル練習

図7-46　シャッターゴーグルでサーブレシーブ

バレーボールでサーブレシーブの重要性は言うまでもありません。シャッターゴーグルを使ったサーブレシーブ練習は効果的です。周波数を5Hz程度にします。サーブスピードにもよりますが、5Hzだとフローターサーブなら手元まで6〜7回断続的に見えます。早い時点でレシーブ位置を判断し、素早く入ることを繰り返すことで、正確な安定したサーブレシーブができるようになります。

8. スパイク

1）前後打ち分け

相手側コート中央に1名（A）が入ります。トスアップされスパイカーが助走を始めたら、前か後ろに任意に動きます。Aが前に動いたら、空いている後ろへスパイク、後ろへ下がったら、前へフェイントします。相手の動きを視野に捉えておきます。

図7-47　中央の動きでスパイクかフェイント

【バリエーション】

2人がコート中央に入り、同時に左右へ任意に動く。これによりセンターが開く、ストレート側、クロス側のいずれかが空くので、スパイカーは空いた方向に向かって左右に打ち分ける。

2）隙間スパイク

2人のブロッカーのうちセンターブロッカーは、わざと1m程度の隙間をつくるか、完全にぴったりつくかの二択でブロックに跳びます。スパイカーは隙間が空いていたら隙間を狙ってスパイクします（図7-48）。ぴったりついていたら、クロス方向にスパイクします（図7-49）。スパイカーは視野の中に隙間があるかを入れておかなければいけません。慣れないうちはブロッカーの間を広くします。ぴったりついていたら、フェイントや手の先に当てるスパイクにするとさらに難易度が上がります。

図7-48　ブロックが開いていたら間を抜く　　図7-49　揃っていたらクロス打ち

9. パスゲーム

1）4対4ワンパスゲーム

4対4になり、1回のパスで返球するゲームです。スパイクやブロックなし、ジャンプパスありのルールにします。サーブは相手コートにアンダーで入れます。常に相手コートの空いているスペース、いわゆる穴がないかを見ておき、そこをつくようにします。どうしてもボールを追うクセがついているので、味方コートの選手のプレーを確認してから相手を見てしまいます。慣れてくると、相手の隙をついた早いテンポの試合になります。すべてオーバーパスにすると動きも速くなります。

図7-50　相手コートの隙を見つけるワンパスゲーム

2）ダブルボールパスゲーム

6対6でボール2つのゲームを行います。ルールは4対4のワンパスゲームと同じです。アンダーで同時にサービスイン。常に2つのボールの動きと相手コートを見ておかなければなりません。集中力がかけるとミスが起きるので、満遍なく気を配る必要があります。1人の選手に2つのボールを集めるようにするのが作戦です。非常に面白く白熱した試合になります。

図7-51　ダブルボールパスゲームは白熱した試合になる

第8章

視力チェックと矯正

①――見えているか？

これまでスポーツビジョンについて紹介してきました。どんなにスポーツビジョンが高くてもその前提になる視力が悪ければ本来のチカラを発揮できません。しかし、面倒だからとか、それなりに見えているから問題ないと思っている人もいます。

指導者：見えているか？
選手：はい、見えています。

選手にこう言われれば、指導者は「そうか」としか言いようがありません。選手からすればボウッとした見え方であっても見えていることに違いはないからです。指導者は自分の視力がよい場合、視力の悪い選手がどのように見えているか理解できません。まさか、ピンボケで見ているなど想像もできないと思います。あいつ、どうもヘマばかりする、反応が遅い！その原因が視力不足という可能性があります。

図8-1　視力1.0の見え方

図8-2　視力0.1の見え方

視力はフォーカスです。視力1.0以上あれば図8-1のようにピントは鮮明ですが、視力0.1なら図8-2のようにボケボケにしか見えません。しかし、こんなふうにでも見えているので「見えている」と答え、それなりに出来ると本人は思っています。

視力が悪ければベストパフォーマンスは発揮できず、下手な理由が視力不足にあり、矯正すればよいプレーができる選手も珍しくありません。

私もその一人でした。高校から急速に視力が低下し、大学ではいつもメガネが必要なほどでした。当時はまだコンタクトレンズが開発されていません。メガネなしではボールはおぼろ月夜のようにボウッとしていて、ネット越しの相手の表情もわからないありさまです。それでもなんとかやっていましたが、初動のほんの一歩が遅れることは気づいていました。

メガネをかければ相手の表情や細かい動作もわかり、明らかに敏捷なプレーができます。ところがメガネをかけてブロックに跳ぶときの怖さは今でもゾッとします。レベルの高いチームとの試合ではスパイクが顔面に当たることもあります。いわゆる顔面ブロックです。スパイクが床にバウンドして顔面に当たりいくつもメガネを壊しました。暑さでメガネが曇ったり、ズレたり、落ちたりして本当にハンディでした。そのためメガネをかけたり、はずしたりの繰り返しです。よいコンタクトレンズがある今は恵まれています。

②——視力はフォーカス

視力は学校、職場の健康診断やメガネ、コンタクトレンズをつくるとき必ず測りますが、その割に正しく知られていません。視力は簡単に言えばフォーカスです。どのくらいピントが合っているか、その程度を数値化したのが視力1.0などの視力値です。

視力は遅くとも6歳までに完成してしまいます。3歳児の3/4は大人の視力があるという研究もあり、すでに3歳の子どもでも私たちが見るようなフォーカスのあった視力で見ているようです。

見えるものがピンボケのままなら、その後の知能の発達にも影響があるので、遅くとも6歳までに完成します。ということは、それ以降視力は落ちるしかありません。小学、中学、高校と学年が進むにつれ視力は低下していきます。

視力が低くなるにしたがってフォーカスが悪くなります。1.0と0.7の差はそれほど大きくありませんが、0.7では少しフォーカスが落ちています。0.7は普通運転免許の限界です。0.3になると日常生活に支障が出るのでほとんどの人がメガネをかける、コンタクトレンズをつけるなどで視力を矯正します。

視力1.0と0.7は、明るいところではそれほど違いませんが、0.7では暗い環境ではフォーカスがグンと悪くなります。視力は明るさの影響を受けるので、昼間、道路標識の文字がよく見えても、同じ標識なのに夜ではボケてしまいます。このため視力0.7では明るいところでは問題なかったのに暗い体育館、曇天、雨天、薄暮、夜間などではフォーカスが悪くなり、プレーに影響が出てきます。

第1章で述べたように様々なスポーツがあるので一概に言えませんが、おおむね以下のように分けられます。

よい視力が必要

・ほとんどのボールゲーム（球技）
・一瞬で勝負が決まる剣道や空手などの武道・格闘技
・スキー、スケート、自転車、カーレースなど高速スピードのスポーツ
・弓道、アーチェリー、射撃などの標的競技

とくによい視力を必要としない

・陸上、水泳（水球を除く）

・レスリング、柔道、相撲など

スポーツビジョン研究会では平成24年にスポーツ選手2472名を対象とした視力と視力矯正に関する大規模なアンケート調査を行っています。その中で視力不足がプレーにどのように影響するかを聞いています。まとめると大きく分けて3つあります。

・表情やボールがはっきり見えない

・正確な距離感がつかめない

・反応が遅れる

このように視力不足だと選手やボールがボケて見え、距離感がつかめず、反応が遅れることで、プレーに影響し、ベストパフォーマンスが発揮できないわけです。

③――視力不足とパフォーマンス

具体的に視力不足だとどのくらいパフォーマンスが落ちるか調べてみました。

（スポーツにおける視力矯正　-適正な視力矯正の指針のための実験的研究-、日本体育学会第45回大会、平成7年）

図8-3 ～図8-7は日頃、コンタクトレンズで1.2に矯正している大学選手計30名（6種目×5名）にわざと度の合わないコンタクトレンズを装着させ、設定した視力にしたときのパフォーマンスです。視力1.2のときをベストパフォーマンスとして100％で表しています。

1）野球

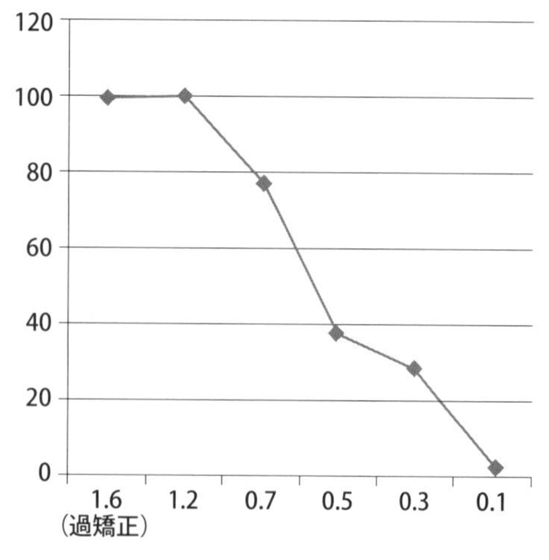

図8-3　野球における視力とパフォーマンスの関係

図でわかるように視力が低いほどパフォーマンスは落ちていきます。最も影響があるのは野球です。この研究での課題は「時速120Kmのストレートボールをバッティングする」ですが、視力0.7では80％に落ちています。0.5で40％、視力0.1ではわずか3％です。視力0.1では、かすることもバットを振ることもできないレベルに落ちます。

野球は典型的なfast-ball、small-ballスポーツです。高速で小さいボールを細いバットでタイミングよく打つバッティングではよい視力があることは絶対的に必要です。視力0.7でも80％にパフォーマンスは落ちてしまうのです。1.2と0.7のフォーカスの違いはわずかのように思いますが、そのわずかな低下が野球では大きいのです。

2）テニス、卓球

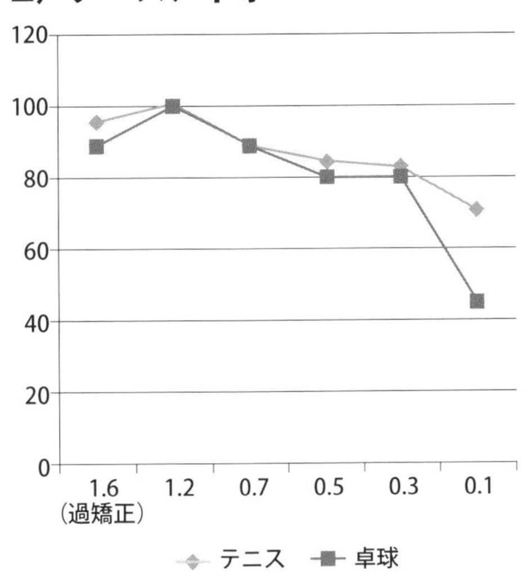

図8-4　テニス、卓球における視力とパフォーマンスの関係

同じくfast-ball、small-ballであるテニス、卓球も野球ほどではありませんが、視力0.7では90％、0.5では80％ぐらいまで落ちてしまいます。

3）サッカー

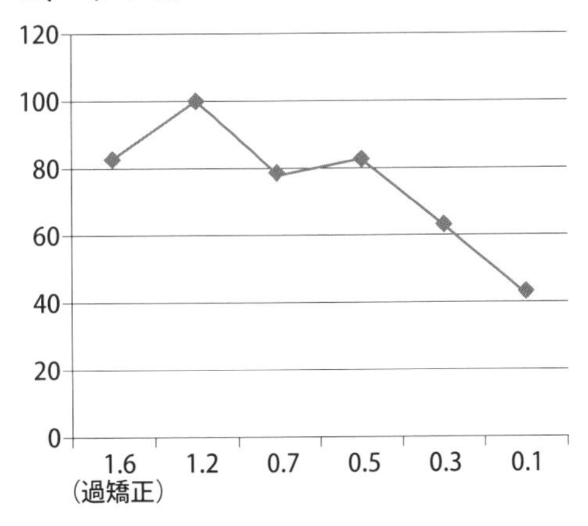

図8-5　サッカーにおける視力とパフォーマンスの関係

サッカーボールは大きく、スピードは野球や卓球ほど速くありませんが視力の影響が大きいスポーツです。視力0.7で80％程度まで落ちてしまいます。この研究での課題は「センタリングされたボールをダイレクトシュートする」ですが、視力不足による距離感のズレが、ほんのコンマ何秒というタイミングのズレになります。鷹のような眼を持つと言われるサッカー選手には、よい視力は必須です。

4）バスケットボール

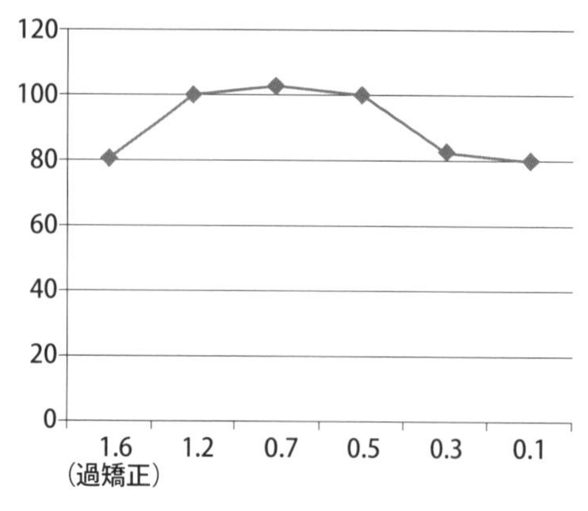

図8-6　バスケットボールにおける視力とパフォーマンスの関係

図8-6では視力の影響があまりない結果になっていますが、この研究での課題が「3mライン外からのジャンプフリースロー」というクローズドスキルだったためだと考えられます。熟練した選手ならフリースローは眼を閉じても入れることができると言われているほどなので、視力が不足してもパフォーマンスが落ちることはないと考えられます。このことは陸上、水泳などのクローズドスキルでは、視力の影響を受けないことを示すものです。バスケットボールはオープンスキルなのでよい視力が必要であることは言うまでもありません。

5）アーチェリー

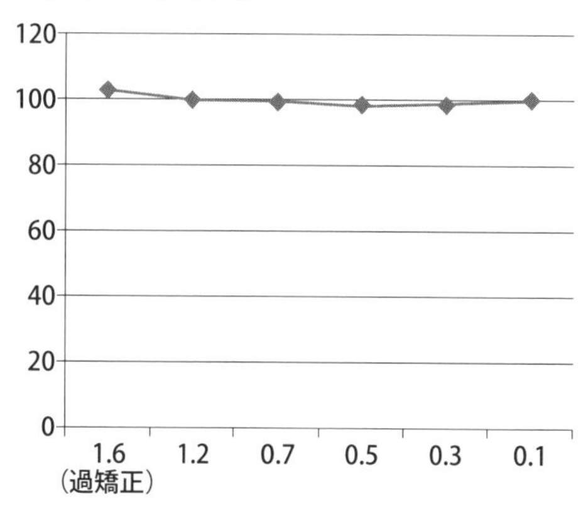

図8-7　アーチェリーにおける視力とパフォーマンスの関係

クローズドスキルのアーチェリーは、視力の影響をまったく受けませんでした。アーチェリーでは身体のバランス、力の具合、筋肉の張りという身体感覚が重要で眼は照準器にフォーカスしているので、遠方の的がはっきり見えなくてもパフォーマンス自体は落ちないのです。しかし、だからと言って視力が低くてもいいと言うわけではなく、標的のどこに当たったかの確認が必要なので遠方がはっきり見えることも大事です。

6）過矯正はかえって低下する

この研究では日頃1.2であるのにあえて1.6になるように、もっとシャープに見えるコンタクトレンズを装着しました。たしかに1.6に上げると遠方がくっきりはっきり見えますが、図のようにパフォーマンスは落ちています。視力が落ちるとパフォーマンスは落ちてしまいますが、視力を上げたからといってパフォーマンスが上がるわけではないことがわかります。

④——スポーツ選手の視力の実態

毎年の学校保健統計調査（文部科学省）から青少年の視力の実態がわかります。年々、視力低下が進んでいて歯止めがかかっていません。平成15年度の裸眼視力1.0未満の割合は小学生25.3％でしたが、平成25年度には30.5％に増えています。さらに中学生では47.8％が52.8％に、高校生では60.0％が65.8％と、この10年間でおおむね5％程度増えています。

先述したように、スポーツビジョン研究会では平成24年に大規模なアンケート調査を行い、スポーツ選手の視力と視力矯正の実態を調べました（平均年齢は19.7歳、男子68％、女子32％）。

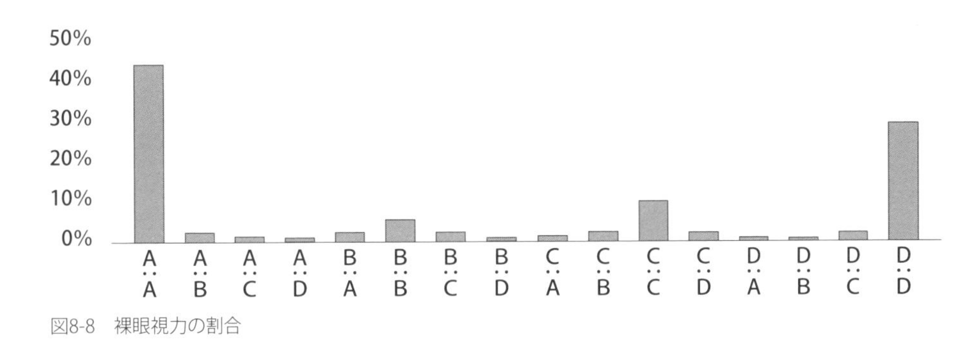

図8-8　裸眼視力の割合

現在、多くの学校では、「A：視力1.0以上」「B：0.9～0.7」「C：0.6～0.3」「D：0.3未満」と視力をゾーンで分けているので、図8-8もこれで示しました。裸眼では左右の視力がともに1.0以上あるA:Aは44％で、D:D（左右とも0.3未満）は30％です。ちなみに女子のほうが視力が低く、A:Aであれば男子47％に対して女子36％の割合です。

このようにスポーツ選手で裸眼視力が1.0以上あるのは半数もおらず、これでは当然、視力矯正しなければなりません。矯正した視力の割合はA:Aが72％、B:B（0.7以上）が17％なので、約9割が0.7以上になっていました。視力矯正している中学生はおおむね3割、高校生で4割、大学生で5割です。

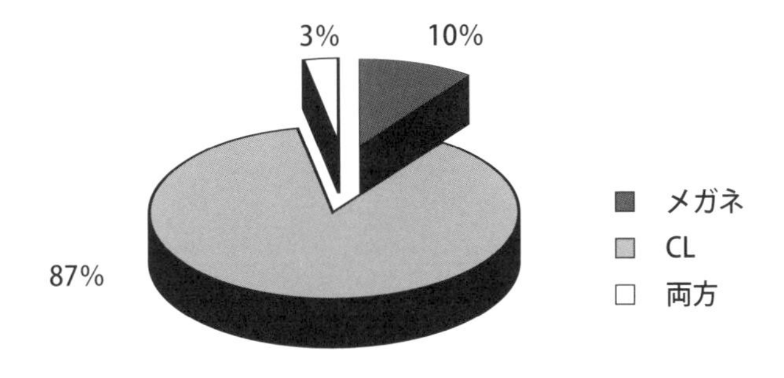

図8-9　スポーツのときの矯正方法

矯正はコンタクトレンズが主流です。図8-9のようにスポーツのときは、約9割がコンタクトレンズを使っています。コンタクトレンズの種類は、ほとんどがソフトコンタクトレンズで、そのうち7割がDisposable（使い捨て）です。つまり、スポーツではほとんどがコンタクトレンズを使い、その多くが使い捨てコンタクトレンズであることがわかります。

ソフトコンタクトレンズは柔らかいため、異物感を感じにくい特長があります。また、ずれにくく、はずれにくいので激しいスポーツに適していますが、その一方、異物感を感じにくいため、ゴミが入っても気づきにくいことから傷害を引き起こすことがあります。また、涙の少ない人には乾燥感があります。

コンタクトレンズは、医療用品にもかかわらずアンケートでは定期的に検診を受けている人は5割以下でした。このため使用者の1/4がコンタクトレンズが原因の傷害を経験しています。指導者としてもコンタクトレンズは医療用品なので定期的な検診を受けるように指導する必要があります。

⑤――身長が伸びるときに視力低下する

視力が低下する原因には様々なものがありますが、青少年の場合にはその多くが近視によるものです。小・中・高校の在学中に始まって成長期に急速に進行し、成人すると進行が遅くなる軸性近視です。学校時代に始まるので学校近視と呼ばれることもあります。この種の近視は良性近視であり、これが近視の大部分を占めます。

眼は本来なら焦点が網膜で結ぶ構造ですが、近視は何らかの原因で眼軸（角膜から網膜までの距離）が長くなることによって、焦点が網膜の前で結んでしまう眼のことです。このため、網膜に結ぶ像はピントが合っておらず、ピンボケになります。

大人の眼軸は24mmぐらいで、ほぼ10円玉と同じ長さですが、生まれたばかりの赤ちゃんの眼軸は17mm程度と短く、大人になるにしたがって眼軸も長くなります（図8-10）。

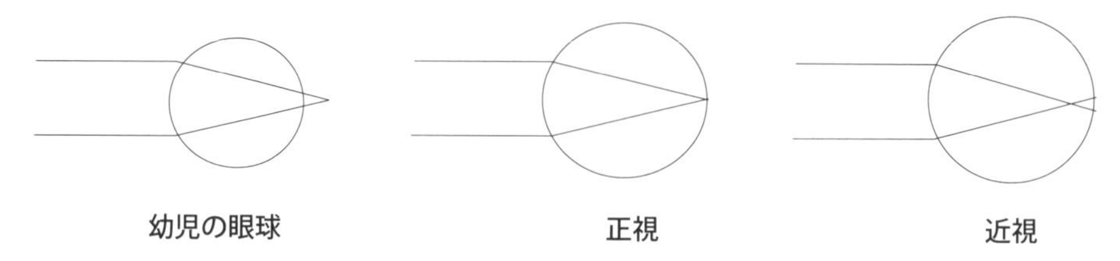

図8-10　近視の概念の模式図

ちょうどピントが合う長さに収まれば正視眼ですが、長くなり過ぎたのが近視です。男子の場合、中学生頃から身長が急に大きくなります。女子では小学校4～5年生頃です。急速に身長が伸びる頃は近視化する可能性があります。

日本バレーボール協会は、将来のオリンピック選手の発掘のために平成22年から全国の高身長の中学1年生・2年生の男女バレーボール選手を集めて合宿を行っています。その合宿で高身長の中学生の視力を測定する機会がありました。

（中学生長身バレーボール選手の視力と視力矯正率、愛知工業大学研究報告、第48号B、平成25年）

測定したのは男子85名、女子93名です。平均身長は男子が183cm、女子174cmなので一般中学生に比べて男子で27cm、女子で21cmの差がある極めて身長の高い中学生たちです。矯正率は男子40％、女子39％でした。同年齢の中学生は男子22％、女子34％と推定されるので、特に男子で矯正している選手が多く、女子ではそれほど差はないことがわかります。

身長の伸びと近視の進行は関係しているというのが定説です。身長が伸びるときには骨格系もあらゆる方向に伸びているため、眼軸長も伸びていると推測されるからです。眼軸が伸びすぎると、焦点が網膜の前で結ぶ近視となるわけです。

男子では視力矯正率に大きな差がありますが、女子選手ではそれほどの差がありません。女子は男子に比べて早熟なため、すでに小学4～5年生頃に急速に身長が伸びていて、このため小学生ですでに近視化し、視力が低下してしまっているものと思われます。中学になると一般中学生の近視化が進むため、結果的にその差が少なくなると考えられます。

このように小学生から中学生にかけて身長がグングン伸びる時期があります。この子は急に背が伸びているな！というときは近視化によって視力が低下している可能性があることを指導者は知っておく必要があります。ただ、身長の伸びを止められないように、近視化を止めることはできません。

⑥――近視は治らない

このように近視化は身体の発達と関係しています。近視は眼球が大きくなった眼の構造と考えることができます。しばしば「視力は回復するのでしょうか？」と聞かれることがあります。メガネやコンタクトレンズをかけるほど視力が落ちてしまったら、いかなる視力回復トレーニングでも回復させることはできません。なぜなら眼球の構造に起因しているからで、先に述べたように身長が大きくなりすぎたのをトレーニングで低くすることができないように、トレーニングによって眼球を小さくすることができないからです。

もちろん、視力は低下しないにこしたことはありません。他の近視化の要因には近業があります。近くのものを見続ける作業のことで代表的なものが勉強で、ゲームなどもその1つです。しかし、視力が低下するのがいやだからと言って、勉強もしない、ゲームもしない、本も読まないというのでは本末転倒です。

現代の私たちの生活では避けることはできないこれらが視力低下の要因の1つということを知って、うまく付き合うしかありません。コンタクトレンズやメガネなど、スポーツに適したものはどんどん進歩します。指導者として選手の視力の把握とともに、正しい知識を持ち、最新情報にも気を配る必要があります。

視力をよくするDHA

DHA（ドコサヘキサエン酸）はマグロやイワシなどの背中の青い魚に多く含まれていて、視力をよくすることが知られています。私も実験してみました。大学スポーツ選手32名を16名ずつに分け、1つの群には魚油カプセル（DHA1.5g/日）を、1つの群にはプラセボ（偽薬）として同量のサラダ油を摂取させました。もちろん2つは見かけが同じなので、自分がどちらを飲んでいるかわかりません。これを30日連続摂取して視力がよくなるかという実験です。

（1ヶ月間のDHA摂取がスポーツ選手の視覚機能に及ぼす効果、愛知工業大学研究報告、第41号B、平成18年）

結果はDHAを摂取した群では向上したか、あるいは変わらなかったかのどちらかで、平均で1.21の視力が1.32になっていました。その一方、プラセボ群では視力が向上した人はゼロでした。このことからDHAは視力をよくすることが証明されました。ただ、もともと視力1.6以上ある人は飲んでもよくならなかったので、すでによい視力のある人には効果はないと考えられます。

DHAは視力だけでなく脳細胞を作るなど、網膜や視神経にも必要なものです。母乳にはDHAが多く含まれていて、赤ちゃんの脳や視力には不可欠です。このため人工乳にはDHAが入っています。

この実験では視力だけでなく動体視力、瞬間視、視野なども調べましたが、効果があったのは視力だけで、その他には効果がありませんでした。動体視力などは眼球を動かす筋や脳の指令といった高次の機能が関係するので、脳の高次機能までDHAは作用しないと考えられます。

⑦——矯正の目安

指導者は選手の「見えています」という言葉を鵜呑みにしないで、反応が遅かったり、どうしてミスばかりするのだろうと思ったら、視力不足の可能性を疑ってください。また、つねに選手の視力に気を配らなければなりません。視力が悪い場合、つぎのようなしぐさをします。

・眼を細めて見る
・片方の眼を前に出すように顔を向ける
・しきりに眼をこする
・まばたきが多い

また、成長とともに視力はどんどん低下します。矯正していることがわかっていても、その視力で十分かチェックしてください。右、左と交互に手でカバーして左右に大きな差がないか調べてください。片眼だけが低下することもあります。1.0以上と0.3以下というように、左右に大きな差がある場合、距離感がうまくとれなくなることがあります。

野球、卓球、テニス、バドミントンのようなfast-ball、small-ballスポーツでは、ベストパフォーマンスのためには視力0.7以下なら矯正をすすめたほうがいいと思います。0.5以下であれば矯正は必須です。陸上、水泳（水球を除く）、レスリング、柔道、相撲などではその限りではありません。

指導者は、以下のことを把握しておく必要があります。

・メガネかコンタクトレンズか
・スポーツのときも矯正しているか
・その視力で支障はないか

⑧――サッカーの視力矯正

スポーツビジョン研究会では以前、Jリーグ3チーム、80名以上の選手の視力を調べる機会がありました。矯正率は15％で、同年齢に比較して少なく、しかも裸眼で1.6以上が45％とJリーガーは飛び抜けて視力がよい集団であることがわかりました。

この理由をJリーガーになるまでに視力の低い人は淘汰されたためと考えます。サッカー選手の眼は、広いピッチを見渡す鷹のような眼に例えられることがあります。相手の顔がボウっとして、アイコンタクトがわからないようでは、よいプレーは期待できません。しかも、雨天、ナイトゲームでもプレーしなければならないのがサッカーです。

Jリーガーになるためには小さい頃からサッカーを始めますが、成長とともに視力低下する選手も出てきます。サッカーがうまくなるこの頃に視力が落ちてしまえばプレーに影響が出ます。メガネをかけてプレーすることはできず、コンタクトレンズはヘディングでズレたり落ちたりすることがあり、汗が眼に入ると非常に痛いので、よく見えなくても何とかなると考え、矯正しない選手も増えてきます。つまり、せっかくサッカーの才能があっても視力が低下してしまうと、大きなハンディを負うことになります。

このため中学・高校とレベルが上がっていくにつれて、視力が落ちた選手は伸び悩んでしまうことになり、結果的にJリーガーまで登りつめた選手はサッカーの才能とともに、視力低下がなかった選手か、矯正がうまくできた選手だけが残ったと考えることができます。

サッカーにおける視力矯正は他のスポーツにはない重要な問題です。せっかくの才能がありながら、視力低下でいかせないのは残念です。しかし、度つきのスポーツ用ゴーグルの普及にともない次第にゴーグルの使用が認められるようになってきました（図8-11）。

たとえば、日本サッカー協会の小学生対象の8人制サッカーのルールによれば、メガネについては「主審が安全であると判断したものは着用できる」とされています。小学生の年代は競技力が伸びるときと視力が落ちるときが重なっています。安全なゴーグルとして認知され、普及すればサッカーの視力不足は次第に解消されるものと思います。

図8-11　小学生サッカーでは認められることもある　(写真提供：山本光学㈱)

徹夜で視力は低下するか?

徹夜で仕事することもまれにあると思います。翌日、頭はボウッとしていますが、はたして視力は落ちているのだろうかと思ったことはありませんか。そこで実験してみました。5名の大学生が朝9時から翌日の夜9時まで36時間、一睡も、居眠りもしないで3時間おきに視力などを測るものです。

(断眠が視覚機能のサーカディアンリズムに与える影響、愛知工業大学研究報告、第33巻、平成10年)

その結果、5名とも視力はまったく低下しませんでした。このことから一晩徹夜しても視力は落ちないことがわかります。ただ、2日目は調節といって近くにピント合わせする能力が落ちています。徹夜すると翌日は近くの書類やパソコン画面がボヤッとする理由です。徹夜明けは遠くははっきり見えても、近くは見えにくくなっています。

またバテると視力が落ちるか調べてみたことがあります。これは10名のスポーツ選手に自転車エルゴメーターという装置で体力の80%を使う強さで15分間漕いでもらい、その直後の視力を測る実験です。屈強なスポーツ選手でも、この強さで15分漕ぐとバテバテになります。結果は平均1.3の視力が直後には0.96に低下しましたが、30分でもとの視力に回復しました。

1.3が0.96に落ちた程度では、落ちたことがわからないほどわずかなものです。つまりバテバテに疲れても、落ちたとわかるほど視力は低下しないと言えるでしょう。

(15分間の自転車エルゴメーター運動による視力低下と要因分析、体育学研究、第33巻、昭和63年)

私たちの身体は少しぐらい徹夜しても、バテバテになっても視力は落ちないようにできているようです。昔の原始人の生活では疲労困憊したり、徹夜しただけで視力が落ちてしまったりするようなら、食べ物を探せず、天敵から逃げのびて生き抜くことはできません。このため視力は簡単に落ちないようにできているのだろうと思います。

第9章

眼をまもる
―ケガと紫外線―

①──眼のケガを防ぐ

1）眼のケガは少ないが後遺症を残すことも

せっかくよい視力があり、スポーツビジョンも高いのに眼のケガでスポーツに影響が出るのは残念です。しかし、実際にはスポーツ中に自身が眼をケガしたり、指導中に選手がケガをした経験は少ないと思います。捻挫、突指はよくありますが眼のケガはほとんど起きません。だからといって眼なんてケガしないと思うのは危険です。

（公財）スポーツ安全協会の資料によれば、傷害保険の対象になるのは捻挫と骨折で65％程度を占めていますが、眼のケガはわずか2％ぐらいです。この割合は例年ほとんど変わりません。しかし、後遺症を残した傷害のおおむね1/4を眼が占めていて、この割合も例年、大きな違いがありません。後遺症の多くが視力障害です。つまり、眼のケガはほとんど起きないが、一旦起きた場合には大きなケガにつながります。それだけに甘くみると危険ということです。

大学の授業での出来事です。教えていたバドミントンの授業中、相手の打ったシャトルが女子学生の眼を直撃したことがあります。至近距離からのスマッシュでした。眼を押さえています。ハードコンタクトレンズをしているとのことで、どうやら中で割れているようです。

「しまった！」

血の気が引きました。眼を絶対に動かさないようにして眼科へ。幸いなことに角膜に傷害はなくホッとしました。もし角膜に傷害が起きれば視力低下を招いたかもしれません。バドミントンでは、シャトルコックが眼に当たる、パートナーのラケットが眼に当たることがケガのほとんどということは知っていましたが、まさか自分の指導中に起こるとは。指導者として防ぐことができなかったのかと今でも思います。

倒立した相手のカカトが勢い余って受け手の眼を直撃して眼窩底骨折したとか、バドミントンのネットを外すときワイヤーが眼を直撃して失明したなど、思わぬところに後遺症を残すケガが潜んでいます。指導者だけでなく選手自身もケガが起きないように気を配る必要があります。

2）ボールの直撃が多い

眼のケガの原因の3/4は、至近距離からのボールの直撃です。先のバドミントンの例や、テニスのスマッシュ、相手の蹴ったサッカーボールが直撃したなどです。野球ではイレギュラーしたボールが当たったり、打ったボールがゲージに当たり、ハネ返って眼に当たるなどがあります。

スポーツ種目では野球、サッカー、テニスが眼のケガの多いベスト3です。これは競技人口が多いためで、競技人口比でみると野球を1としたときにラグビーが11倍、サッカーが6倍という報告もあります。ラグビーとサッカーは、ともに防具なしで激しくコンタクトするスポーツなのでケガの発生が多いのもうなずけます。

指導者はケガを未然に防ぐ必要があります。ケガは試合より練習で起きることのほうが多いのです。まずケガが起きやすい練習環境の見直しです。

・複雑にボールや選手が交差する練習になっていないか

・予期しない方向からボールが飛んで来ないか

・イレギュラーしやすいグラウンドではないか

さらに指導者の言葉が誘発していないかです。日頃、何気なく使う言葉がケガを誘発することもあります。危険なボールであっても、「当たっていけ」「逃げるな」と思わず言うことがあります。選手は監督の言うことだからとか、後で怒られるかもと思えば頑張ってしまいます。もし、事故になり、訴訟まで発展した場合、指導者がどのように助言したか、言葉を発したかが問題になるので気をつけなければなりません。

3）アイガードで未然に防ぐ

眼のケガを未然に防ぐゴーグルが「アイガード」です（図9-1）。アイプロテクターと呼ばれることもあります。アイガードは強度に優れるポリカーボネイト製で、これ自体壊れることはありません。ほとんどの近視、遠視の度を入れることができます。万一、レンズが外れた場合でもレンズが外側に外れるようになっています。

小学生の視力矯正率はおおむね20％ですが、通常、自己管理の関係で小学生にはコンタクトレンズは適用できないので、メガネで矯正せざるをえません。すでに述べたように小学生の頃にスポーツビジョンは急速に発達し、同時に競技力もアップします。この時期はスポーツの基礎ができるときですが、視力不足のままでは伸びる力を十分伸ばすことができません。この時期の視力矯正は重要です。

以前に眼をケガして恐怖心がある場合には、アイガードで不安なくスポーツをすることができます。また、普段のメガネでは破損が心配という場合には、近視、遠視の度を自由に入れることができるので、普段のメガネにかわる「安全なスポーツ用メガネ」として活用することができます。現在では子どもの顔にあわせた子ども用のアイガードも市販されています（p.114図8-11参照）。

図9-1　アイガード（写真提供：山本光学㈱）

しかし、まだまだアイガードの認知度は低いのが実際です。平成24年のスポーツビジョン研究会の調査では「アイガードを知っている」というスポーツ選手は30％程度でした。保護者や指導者には安全で、なおかつ視力矯正することでベストの能力を発揮できる保護具としてアイガードがあることを選手以上に知ってほしいと思います。

②――紫外線から眼をまもる

1）紫外線の眼への影響

紫外線は微量であればビタミンDを活性化させ、さらに微生物に対して殺菌効果があるので食品衛生などでも活用されていますが、過度にあびると有害です。よく知られているのが紫外線による皮膚ガンの発症です。たとえば、アメリカ国内だけ毎年100万人が皮膚ガンを発症していると言われます。頻繁に太陽光にさらされると傷害を受けたDNAが修復されないうちに細胞が増殖して、これがガン細胞の増殖につながるとされています。皮膚ガンのほとんどは老年期に発症しますが、ダメージは10代あるいはそれ以前から生じている可能性が高いとされています。

紫外線は眼にもダメージを与えます。屋外で紫外線を浴びることの多いスキー、マリンスポーツ、ゴルフ、自転車競技、野球、テニスなどでは紫外線対策が必要です。

紫外線は4～8月にかけて強くなり、最も多いのは6月です。午前10時から午後2時にかけてピークで、薄曇りでも紫外線の50％が届いています。さらに反射紫外線もあり、最も反射紫外線が強いのは雪面で反射率は90％。つまり雪の上では紫外線は2倍になっているわけで、このためスキーなどのスノースポーツでは紫外線の影響は極めて大きいのです。この他、海では波による紫外線反射率は30％、砂が20％程度とされており、このためマリンスポーツでも紫外線の影響は大きいことがわかります。

急性影響としては、スキーの「雪目」に代表されるように角膜が紫外線で傷つけられることです。通常、6～7時間の潜伏時間を置いて涙が出たり、異物感やときには激しい痛みになることがあります。普通は24時間で一番表面の角膜上皮が再生して自然に治りますが、繰り返されると障害が蓄積されるおそれがあります。

長期的には紫外線は眼の病気のリスクを高めるとされています。よく知られているのが「白内障」です。原因は紫外線だけではありませんが、高齢になるとほぼ100％白内障になることから、長期間、紫外線をあびる影響が考えられています。

その他には「翼状片」があります。白目が紫外線により繰り返し傷ついた結果、白目の下層の細胞が異常繁殖し黒目にまで入り込んでくるもので、マリンスポーツ、ゴルフ、テニスなど屋外スポーツ選手に多い病気です。

2）紫外線予防

WHO（世界保健機関）は、紫外線対策として子どもの頃からサングラスで予防することを提唱しています。確実な予防法は帽子とサングラスです。紫外線量を100としたとき、顔に受ける紫外線量は何も防御しないときに72、帽子で47、サングラスで17、帽子とサングラスで8に低下するとされ、サングラスと帽子の組み合わせは効果的です。帽子はツバのあるもので長さは7cm以上が望ましいとされています。

サングラスといってもいわゆるファッショングラスと呼ばれるものもありますが、UVカットのスポーツサングラスでなければなりません。眼に入る光は正面だけでなく、あらゆる方向から直接、間接的に照射しています。このためレンズサイズの小さな眼鏡や顔の骨格に合わないサングラスでは正面以外からの紫外線に対して十分な防止効果を期待できません。顔にフィットしたある程度の大きさのあるスポーツサングラスが必要です。

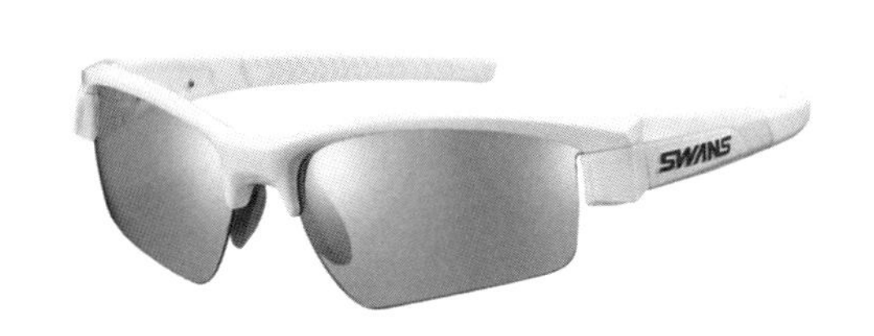

図9-2　スポーツサングラス（写真提供：山本光学㈱）

また、屋外スポーツでは、ホコリやゴミが眼に入ることがあります。少々のホコリやゴミは涙が洗い流してくれますが、うっかり手でこすると角膜を傷つけることもあります。その点でもホコリやゴミを眼に入れない顔のカーブにそったサングラスが望ましいのです。

3）スポーツサングラスの効果

東京都生活文化部は、子ども用（12歳以下）のサングラスとスイミングゴーグルの使用実態について調査しています。平成21年度調査報告書によれば、対象者の中で子ども用のサングラスを使用していた（している）割合は22％でした。おおむね小学生の5人に1人です。使用開始年齢は3～4歳が約25％で最も多く、次に多いのが5～6歳で20％です。使用理由として紫外線から眼をまもるためが約50％、風やホコリからまもるためが10％を占めています。まだまだ少ないものの、子どもの頃から紫外線対策が次第にとられるようになってきました。

スポーツサングラスを使用することが多いスポーツは、ゴルフ、自転車競技、トライアスロン、ランニング・マラソン、スノースポーツですが、使用率はおおむね4割弱という報告があります。最近は中高年で登山やハイキングを楽しむ人が増えていますが、標高が1000m上がると紫外線は10％強くなるとされるので、これらではスポーツサンングラスが必要です。しかし、中高年には格好つけていると思われそう、似合わない、周囲の人からどのように見られるかといったサングラスに対する先入観やイメージから使用しない人が多いようです。

スポーツサングラスは紫外線から眼をまもる確実なツールですが、パフォーマンスへの効果も期待できるかもしれません。スポーツサングラスを使用していると、疲れが少ない、集中できる、ゴルフではグリーンの傾斜が見やすくなりパフォーマンスが上がるように感じるという感想が聞かれます。実際にサングラスをかけているマラソンランナーは記録が短縮し、ゴルフではスコアがよくなり、野球ではまぶしさを防ぐだけでなくプレーにも効果があるのでしょうか。しかし、まだサングラスがパフォーマンスに与える効果について研究は進んでいません。紫外線を防ぐだけでなくパフォーマンスにも効果があるとすればスポーツサングラスはより普及するものと思います。

4）スイミングゴーグル

プールには消毒用に塩素が使われていますが、角膜障害は残留塩素濃度が濃いほど、また遊泳時間が長いほど発生率が高くなるとされています。また規定内の濃度であっても、かけた場合の障害は9％であるのに対し、ゴーグルをかけない場合には66％で角膜障害が認められています。さらに障害の程度もゴーグルをかけたほうが軽く、スイミングゴーグルは角膜障害の予防に有効であるとされています。このようにプールを利用するなら眼を保護するスイミングゴーグル使用が望ましいと言えるでしょう。

しかし､先の東京都の調査では､12歳以下の子どもでスイミングゴーグルを使用した（していた）のは約50％で、半数しかありません。また使用する理由は眼の保護のためが55％、水中の動きが見えたほうがよいためが28％で、眼を保護するためにゴーグルを使用するという人はまだ少ないのが実際です。現在では単に保護するだけでなく0.1秒でも速く泳ぐための競泳選手用のゴーグル、度つきゴーグル、ジュニア用など様々なものが開発されています。

ちなみに水上の格闘技と呼ばれる水球では、危険防止からスイミングゴーグルは使用できません。視力が低い選手はソフトコンタクトレンズをつけて競技します。そのため80％以上にコンタクトレンズを紛失した経験があり、平均で一人あたり4.8枚の紛失、5カ月に1回の割合で紛失しているという報告があります。競泳の場合には壁やベースクロックが見えるなどの必要最低限の視力があればいいとされていて、視力不足の記録への影響はないと思われます。

第10章

知っておきたい
眼のしくみと働き

①——眼のしくみ

スポーツビジョンに関係する眼のしくみについて簡単に説明します。

1）眼球の大きさ

図10-1は眼球を水平に切ったものです。成人の眼球はおおむね24mmで、ほぼ10円玉と同じ大きさです。新生児は17mm程度で成長とともに眼球も大きくなります。眼球は外界の光を網膜の中心にある中心窩（ちゅうしんか）に屈折させる器官です。網膜中心窩にはものの形や色を識別する錐体細胞と呼ばれる細胞が1ミリ平方あたり16万個ぐらいあります。視力測定はこの部分でランドルト環（Cマーク）を見たとき、どこまで細かく見えるかという中心窩の解像度を測っています。

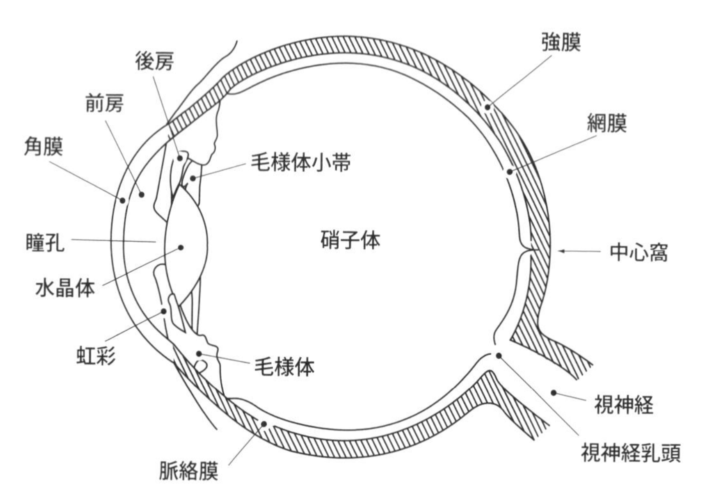

図10-1　眼球の断面

2）水晶体

水晶体は名前のように極めて透明度の高い弾力性のある組織で、カメラのレンズにあたるものです。カメラはレンズを前後させてピント合わせしますが、人の眼は水晶体を厚くしたり、薄くしたりしてピントを合わせます。近くを見るときは自動的に厚く、遠くを見るときは薄くなります。

水晶体の中心には水晶体核という部分があり、水晶体核は加齢とともに大きく硬くなるため、次第に弾力性が失われていきます。水晶体が硬くなり、近くを見るのに必要な厚さにならなくなるのがいわゆる老眼で、平均的には45歳ぐらいで30cm以内にはピントが合わなくなります。

3）角膜

眼の一番表面にある透明な組織が角膜です。角膜には血管がないため、まばたきによって空気中の酸素を涙の中に取り込んで補給します。車に例えれば涙はウインドウォッシャー液、まばたきはワイパーの役割をしています。角膜が傷ついて混濁すると良好な視力が得られません。このため、小さなゴミが眼に入っただけで痛みを感じ、即座に涙で押し流します。角膜は身体の中で最も敏感な組織で皮膚の300倍の感度があるとされています。

4）瞳孔

虹彩によって囲まれた穴が瞳孔で、これはカメラの絞りにあたります。虹彩の色はメラニン色素の量によって異なり、メラニン色素の多い日本人の虹彩は茶色ですが、色素の少ない欧米人では薄いブルーや灰色にみえます。

瞳孔は光量の調節をします。明るさによって最大8mmから最小1.5mmまで大きさを変え、暗いところでは大きくして光をたくさん入れ、明るいところでは小さくして網膜を光から守ります。しかし、瞳孔が小さくなるにはわずかに時間が必要なため、瞬間的な強い光を遮断できません。そこで強い光に対しては反射的な「まばたき」によって眼を閉じ網膜を守っています。

5）網膜

網膜はカメラのフィルムにあたる部分です。網膜には錐体と桿体（かんたい）という2つの細胞があり、場所によって2つの細胞分布が違っています。錐体細胞は中心窩に集中していて、視力や色の識別に優れています。桿体細胞は周辺部に多く、視力（解像度）は低く、色も識別できませんが、動くものに対して感度がいい特徴があります。

網膜に対応しているのが視野です。視線を前に向けたまま、左右の眼の横にそれぞれ人差し指を立て、指を軽く動かしてみましょう。指が動いていることがわかります。これは網膜周辺には桿体細胞がびっしりあるため、動くものに対して感度がいいからです。

視野は左右で180度、上下で130度ぐらいの非常に広い範囲があり、これはいわば動くものをキャッチするレーダーの役割をしています。一方、視力がよく、色の識別ができる範囲（中心視と言います）は極めて狭く、5m離れて見る切手の大きさしかありません。視野で「何か動いた！」という感覚が生じると、眼球が反射的に動いて、それが何であるかを鋭敏な視力（中心視）で識別するという役割分担をしています。

6）眼球運動

1つの眼には6本の筋肉（外眼筋）がついていて、12本の筋肉で自在に眼を動かすことができます。外眼筋は骨格筋と同じ平滑筋でできているので、筋力トレーニングで骨格筋を鍛えるのと同様に、外眼筋もトレーニングできます。トレーニングにより眼球運動の速度が速くなり、幅が広がり、同時に疲労しにくくなります。

スポーツに関係する眼球運動は、跳躍性眼球運動と追従性眼球運動です。視野のレーダーで何か動いたと感知すると、眼はパッと反射的に動いてそれを捉えます。この眼の動きが跳躍性眼球運動で、動くものを捉えるための働きです。跳躍性の眼の動きは非常に速く、最大で角度が600度/秒にもなります。

眼と頭では先に眼が動き、その後にわずかに遅れて頭が動きます。このことから、スポーツでは眼が速く動けばターゲット（選手、ボールなど）を素早く捉えることができるので、眼球運動のトレーニングはスポーツビジョンの重要なトレーニングの1つになります。

一方、追従性眼球運動は捉えたものがズレないように維持する眼の動きです。1秒間に角度で5°/secという非常にゆっくりした動きなら追従性で追うことができます。トレーニングを積んだスポーツ選手では30°/secの動きも追従性で追跡できるという研究もあります。

跳躍性眼球運動は視野の周辺で捉えたものに眼（視線）を向けるための運動、追従性は捉えたものを中心視で維持する運動というように役割を分担しています。

集中とまばたき

私たちは、1分間に20回程度まばたきしていますがまったく無意識のうちに行っています。まばたきは約0.3秒で、この間に0.1秒の完全に眼が閉じた時間（Black out Time）がありますが、見えないという感覚はありません。

集中するとまばたきが減り、まばたきは集中力の指標になります。1分間に読書で10回、パソコンで6回、ゲームで5回程度。夢中になるほど減ります。

ではスポーツ中はどうでしょうか。実験してみました。卓球の練習ラリー中は1分間に5回程度ですが、ゲーム中ではサービスの開始からボールデッドになるまで1回もせず、デッドになってからバチバチとまばたきします。

剣道日本一になった人を調べたことがあります。相手と対峙して間合いに入ると1分間に4回程度でした。剣道8段などの高段者の中には0回という人もいます。間合いから外れるとまばたきしますが、自分がまばたきしていないとか減っているということはまったく無意識です。これは剣道に限りません。

（卓球ラリー中と剣道対峙中の瞬目、愛知工業大学研究報告、第40号B、平成17年）

スキーのダウンヒルの世界チャンピオンが滑降中にまばたきをしないが、この理由は何かという質問が某テレビ局からありました。送られてきた映像を見ると1分7秒の滑降中にわずか1回、平坦なところでしただけです。集中するとまばたきをしないという趣旨で回答したのですが、放送ではドイツの研究者の恐怖心があるからまばたきしないという説明が入りました。これはまったく違います。

まばたきしないのはボクサーも同じです。パンチが当たったとき眼をつむると次のパンチが見えません。そこでパンチが当たっても眼をつむらないようにトレーニングします。その1つがシャワーで、眼を開けたままシャワーをあびるのです。痛くてとても開けられません。角膜は痛みに対して敏感なところですが、角膜までトレーニングするボクサーもいるのです。

②——眼の働き

眼の働きには視力、調節、立体視、利き眼などいろいろなものがあります。視力はスポーツビジョンの基礎的なものなので第8章でくわしく説明しています。

1）調節

私たちの眼は、夜空の星から手元の文字までピントを合わせることができます。ピント合わせを調節と言い、眼の中の水晶体の厚さを自動的に変えて行います。近くを見るときには水晶体は厚くなります。勉強や読書、ゲームなどで近くを見続けるためにはその間、水晶体を厚くしておかなければなりません。長い間、近くを見続けることを繰り返すことが近視の「引き金」になると言われています。

眼との距離が近いほど負担が大きいので、勉強やゲームのときにはできるだけ姿勢を正し、距離を取ることが大事です。また、ときどき意識的に遠くを見ることで厚くなった水晶体を薄くして、緊張をほぐしてやる必要があります。

調節が働くのはおおむね1m以内の近い距離に対してです。遠方を見るときには調節は必要ありません。スコアをつけたりすることを別にすれば、スポーツで1m以内を見ることはほとんどないので調節の良し悪しがかかわることはほとんどありません。

2）立体視

私たちには2つの眼がありますが、2つの眼があることはふだん意識しません。まるでギリシャ神話の1つ眼の巨人「キュクロープス」のように1つの眼で見ているようです。脳は2つの眼に映る映像をもとに1つの立体的な像にまとめています。この働きが立体視で、立体視は眼が2つあってこそ得られるものです。ちなみに片眼をつむってみてください。立体感にとぼしく、距離感もあいまいです。

立体視は左右の眼のわずかな映像のズレをもとにしています。腕を伸ばし親指を立てて交互に眼をつむってみてください。指が左右にズレて、指が左右に動いているように見えます。このわずかな映像のズレを両眼視差といい、脳はこのズレを手がかりに立体像を作っています。

今度は、親指を眼に近づけてみてください。左右のズレは非常に大きくなります。逆に、遠くを見て交互につむってみてください。遠くを見る場合にはズレはほとんどありません。ズレが大きいほど立体感が大きくなり、少ないと立体感はほとんどありません。このため遠方の景色ほど立体感にとぼしく前後関係があいまいになります。

スポーツの場合、ボールを打つ、捕える、投げるためには正確な立体感や距離感が必要です。このためには、両眼の視力がよいこと、左右の視力差が少ないこと、両眼の視線にズレがないことです。たとえば、1.0以上と0.3以下のように左右の視力に大きな差があると、立体感や距離感が悪くなるので、左右の視力を別々にチェックする必要があります。それには片眼をカバーして見ることで簡単に調べることができます。

3）利き眼

利き眼は立体視する場合の基準になる眼です。望遠鏡やビンの底をのぞく眼が利き眼です。何気ない動作ですが、常に同じほうでのぞきます。約2000名を調べた結果、73％が右でした。おおむね右が7割、左が3割です。利き眼は小学生低学年までは固定していませんが、小学生の高学年頃に左右どちらかに決まり、以降、変わることはありません。

利き眼の違いで有利・不利はあるでしょうか。左右で独立している手足は別々に動かすことができるので、右か左で有利不利があります。しかし、眼は独立していません。たとえば、「両眼をあけて」、利き眼で見ることはできないのです。両眼をあけていれば片側だけを使うことはできません。先に述べたように立体視するためには両眼からの映像が必要だからです。

多くのスポーツ選手が自分の利き眼を知りませんが、何の不都合もありません。かつて野球では右打者は左利き眼が、左打者は右利き眼が有利と言われたことがありますが、これにはまったく根拠がありません。アメリカ大リーグ選手を調べた研究でも利き眼による有利不利はないことがわかっています。

かつてプロ野球のコーチが投手に対して「右の眼で打者を、左の眼で一塁ランナーを見ろ」と言ったという逸話があります。気持ちはわかりますがそれは無理です。

唯一、ピストル射撃は利き眼が関係します。射撃では利き眼をマスターアイと言います。ピストル射撃は標的に向けて身体を真横に構えるためどちらかの眼を前にして標的を見ることになります。もし、銃が右、利き眼も右なら照準はスムースですが、銃が右で利き眼が左だと、首をグイとひねらなければ照準できません。このため、首の筋肉にチカラが入り微妙な照準に影響が出ます。ピストル射撃では利き手と利き眼が一致していないと一流選手にはなれないと言われます。

［著者紹介］

石垣尚男（いしがき　ひさお）
静岡県生まれ。東京教育大学（現・筑波大学）体育学部を卒業後、名古屋大学医学部研究生を経て1994年に医学博士取得。現在、愛知工業大学教授。
「スポーツと視覚」を研究課題とし、スポーツビジョン研究会の幹事を長年務める。
□主な著書
『スポーツと眼』（大修館書店）
『「見るチカラ」を鍛える！―野球の眼力トレーニング―』（ベースボールマガジン社）
『一流選手になるためのスポーツビジョントレーニング』（講談社）
『眼力の鍛え方』（新潮社）
『ボールが止まって見える！―スポーツビジョンレベルアップ講座―』（スキージャーナル）

スポーツ選手なら知っておきたい「眼」のこと ―眼を鍛えればうまくなる―

NDC780／126p／26cm

初版第1刷――2015年2月10日

著　者――――石垣尚男
発行者――――鈴木一行
発行所――――株式会社　大修館書店
〒113-8541　東京都文京区湯島2-1-1
電話03-3868-2651（販売部）03-3868-2297（編集部）
振替00190-7-40504
［出版情報］http://www.taishukan.co.jp/

装丁・本文デザイン――石山智博
写真提供―――――――アフロ、AP、USA TODAY Sports、新華社、山本光学㈱、石垣尚男
本文イラスト――――落合恵子
印刷所―――――――広研印刷
製本所―――――――三水舎

ISBN978-4-469-26770-9　Printed in Japan